新 니하오 어린이 중국어

발음

이창재 · 김지연 · 장기(张琦) 지음

J PLUS
Language Publishing Co.

新 니하오 어린이 중국어 발음

눈으로 보고 귀로 듣고 입으로 따라하는

 눈으로 보고!

주인공 난난과 베이베이 그리고 그의 친구들이 함께 엮어가는 이야기를 따라가면서 자연스럽게 중국어를 느끼고, 밝고 귀여운 삽화를 보면서 재미있게 익힐 수 있도록 하였습니다.

 귀로 듣고!

중국어를 빠르게 익힐 수 있는 방법 중의 하나가 바로 자주 듣는 것입니다. 재미있게 구성된 MP3 음원을 들으면서 중국어에 익숙해지도록 하였습니다.

 입으로 따라한다!

중국어의 특징과 발음 표기, 발음 방법 등을 익히고 그림의 단어를 따라 읽으며 자연스럽게 중국어 발음을 연습하도록 하였습니다.

중국어 발음 공부의 가장 좋은 방법은 계속해서 듣고, 따라하는 것입니다. 아이들은 어른들에 비해 쉽게 따라하고 또 금방 익히기 때문에 발음 공부하기에 더욱 좋습니다. 아이들에게 되도록 중국어를 많이 들려주고, 직접 말해보도록 하여 자신감을 심어주세요. 이 책을 통해서 아이들이 중국어를 어렵게 생각하지 않고 흥미를 가지도록, 하나의 신나는 말 배우기 놀이로 느끼고 친근하게 받아들일 수 있기를 바랍니다.

마지막으로 항상 든든한 버팀목이 되어 주시는 부모님과 장석민 선생님께 감사를 드립니다. 그리고 이 책을 집필할 수 있는 기회와 용기를 주신 '차이나박스' 박정미, 박미경 선배와 이 책이 나오기까지 많은 도움을 주신 '제이플러스'의 이기선 실장님과 편집부 식구들에게 진심으로 감사의 마음을 전합니다.

저자 씀

신나게 배워요~

 MP3 바로듣기

자세한 해설과 신나는 음악, 정확한 네이티브의 발음으로 재미있게 듣고 공부할 수 있도록 구성하였습니다.
단어 따라 발음 척척, 문장 따라 발음 척척, 연습문제까지 모두 수록되어 있습니다. 음원 QR코드로 바로 들을 수 있어요.

 스티커 붙이기

스티커를 붙이며 입체적으로 학습해요.

 발음표

중국어 발음을 표로 정리하여 한눈에 볼 수 있도록 하였습니다.

이 책의 구성

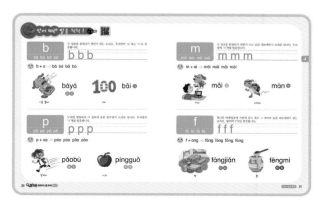

단어 따라 발음 척척

어떻게 발음하는지 설명을 보고, 성조별로, 단어별로 반복
연습하면서 정확한 발음을 익히도록 하였습니다.

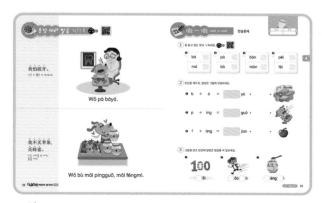

문장 따라 발음 척척

한걸음 더! 앞에서 배운 단어들로 이루어진 간단한 문장을
연습하면서 발음에 대한 감을 잡도록 하였습니다.

 zuò yi zuò 연습문제

이제 자신 있어요! 문제를 풀면서 배운 내용을 다시 한번
짚어 보도록 하였습니다.

좀더 알아보기

각과의 끝부분에 중국 문화에 대한 간단한 설명 또는 학용품,
음식, 교통수단 등 일상생활에서 자주 쓰는 단어를 그림으로
익힐 수 있도록 구성하였습니다.

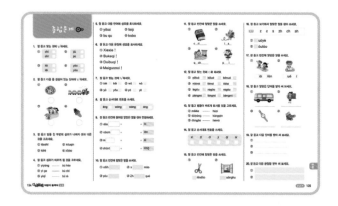

종합문제 및 부록

연습문제, 종합문제 정답
듣기 스크립트, 단어 찾기(색인)가 수록되어 있습니다.

✱ 중국어 발음표도 들어 있어요.

차례

어린이 여러분~ 안녕하세요!

이제부터 선생님과 함께

중국어 발음여행을 떠나봐요!

1. 중국어는 중국말로 어떻게 얘기할까요?

중국에는 56개의 다양한 민족이 살고 있고, 각기 다른 방언을 사용하고 있어요. 그러면 어떻게 서로 말이 통하냐구요? '보통화(普通话)'라고 하는 표준어가 있어서 모든 중국인들이 이 보통화를 배우게 되어 있어요. 어디를 가든지 보통화로 이야기하면 된답니다.

보통화

한족   소수민족

중국에는 56개의 민족이 있다고 했는데, 그중에서 가장 많은 민족이 '한족(汉族)'이에요. 10명 중에 9명이 한족이니 정말 많죠? 그래서 가장 많은 한족이 쓰는 말을 표준어로 정했답니다. 그래서 중국어를 중국말로 '한어(汉语)'라고 해요. 한족이 쓰는 말이라는 뜻이에요.

2. 중국에서 쓰는 한자는 어떤 모양일까요?

중국에서 쓰는 한자는 우리나라에서 쓰는 한자(번체자)보다 쓰기 간단해요. 이렇게 쓰기 간단하게 만든 한자를 '간체자(简体字)'라고 한답니다.

'배우다'라는 글자를 한번 볼까요? 우리나라에서는 '**學**'이라고 쓰지만 중국에서는 '**学**'이라고 쓴답니다. 훨씬 간단하죠?

'생각하다'라는 뜻의 '**想**'은 중국에서도 '**想**', 우리나라에서도 '**想**'이라고 씁니다. 이렇게 간단하게 해서 쓰는 글자도 있고, 똑같이 쓰는 글자도 있답니다.

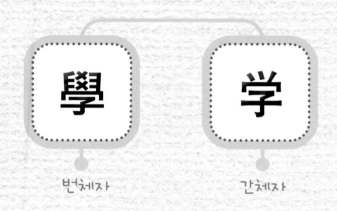

번체자   간체자

3. 중국어는 어떻게 발음할까요?

중국어 소리는 '한어 병음'이라는 부호로 쓸 수 있어요.

병음은 성모, 운모, 성조로 이루어져 있는데, 성모는 한글의 자음, 운모는 한글의 모음과 같은 역할을 한답니다.

성조란 바로 음의 높낮이를 말해요. 중국어에는 기본적으로 1성, 2성, 3성, 4성 이렇게 모두 네 가지의 성조가 있고, 가볍게 발음하는 경성이 있어요. 경성은 아무런 표시를 하지 않아요.

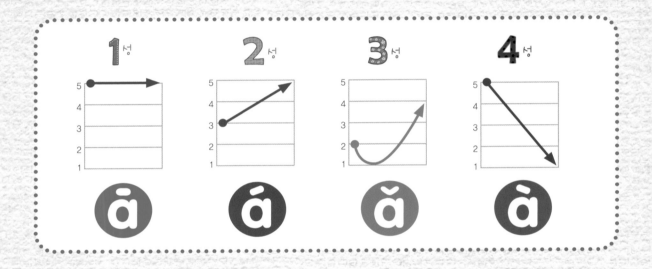

자, 그럼 지금부터 본격적으로 중국어 발음여행을 떠나볼까요. 출발~!

Unit 1

1성
2성
3성
4성

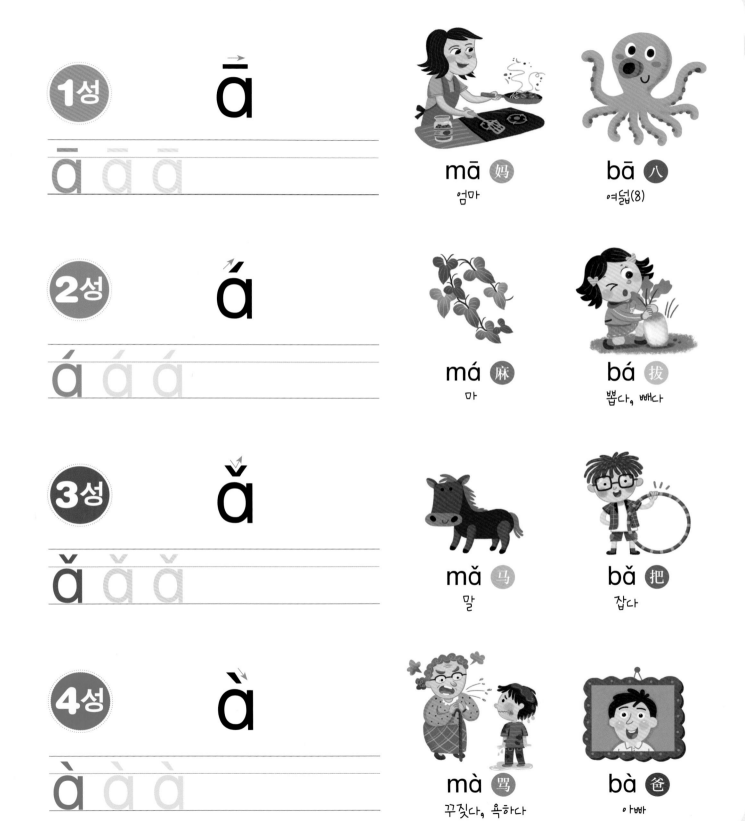

1성 ā

ā ā ā

mā 妈
엄마

bā 八
여덟(8)

2성 á

á á á

má 麻
마

bá 拔
뽑다, 빼다

3성 ǎ

ǎ ǎ ǎ

mǎ 马
말

bǎ 把
잡다

4성 à

à à à

mà 骂
꾸짖다, 욕하다

bà 爸
아빠

líng 零
yī 一
èr 二
sān 三
sì 四
wǔ 五
liù 六
qī 七
bā 八
jiǔ 九
shí 十

중국 사람들이 가장 좋아하는 숫자는 뭘까요? 바로 8입니다.
8을 중국어로 빠(bā)라고 발음하는데, '돈을 벌다'는 뜻의 '파차이 (fācái)'의 '파'(fā) 발음과 비슷하기 때문이에요.

 做一做 zuò yi zuò 연습문제

날짜	확인

1 다음 글자에 색칠하고, 성조에 맞게 큰 소리로 읽어 보세요.

1성

ā

2성

á

3성

ǎ

4성

à

2 잘 듣고 알맞은 것에 ○표 하세요.

❶

bā ⬚

bà ⬚

❷

mā ⬚

má ⬚

3 다음 단어를 읽고 1성에는 ○표, 2성에는 ✕표, 3성에는 △표, 4성에는 □표 하세요.

líng	mā	miǎn	luò
wǔ	bō	béi	kē
qī	fèi	èr	chuáng
bā	sán	yǐ	xiàn

1성	____개
2성	____개
3성	____개
4성	____개

중국어에서 성조는 아주 중요해요. 왜냐하면 성조에 따라서 뜻이 달라지기 때문이에요. 예를 들어 난난이가 엄마를 부를 때 mā(1성)라고 해야 하는데, mǎ(3성)라고 하면 '엄마'가 아니라 '말'이 되는 거예요. 그렇다면 이런 성조 부호는 어디에 붙이는 걸까요?

성조는 모음인 a, o, e, i, u, ü 위에 성조 부호를 표시해야 해요. 그런데 이 모음들이 여러 개가 같이 나올 때는 성조 부호를 붙이는 순서가 있어요.

다음 순서를 잘 기억하세요. 'i' 위에 성조를 표시할 때는 'i' 위의 점은 빼야 하는 것도 꼭 기억하세요.

$$a > o, e > i, u, ü$$

1성 뒤에 경성

2성 뒤에 경성

3성 뒤에 경성

4성 뒤에 경성

단어 따라 성조 척척 !

1성 뒤에 경성

ā + a

2성 뒤에 경성

á + a

3성 뒤에 경성

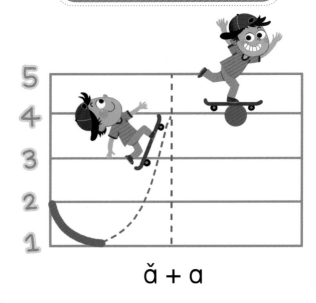

ǎ + a

4성 뒤에 경성

à + a

1성 + 경성

māma 엄마 妈妈

2성 + 경성

yéye 할아버지 爷爷

3성 + 경성

jiějie 언니, 누나 姐姐

4성 + 경성

bàba 아빠 爸爸

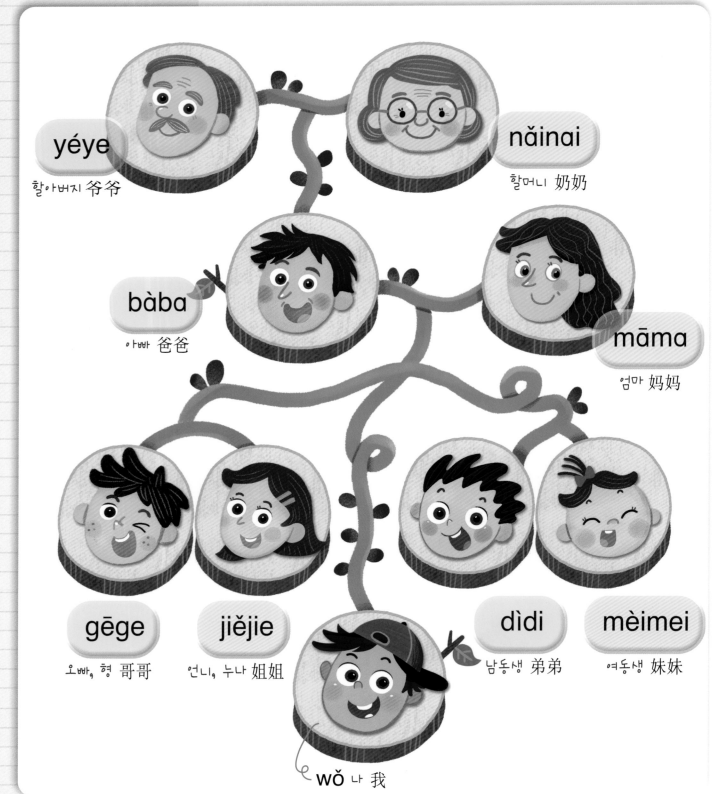

yéye
할아버지 爷爷

nǎinai
할머니 奶奶

bàba
아빠 爸爸

māma
엄마 妈妈

gēge
오빠, 형 哥哥

jiějie
언니, 누나 姐姐

dìdi
남동생 弟弟

mèimei
여동생 妹妹

wǒ 나 我

 **zuò yi zuò** 연습문제

날짜	확인

① 잘 듣고 맞는 것에 ◯표 하세요.

❶ māma ☐ màma ☐   ❷ yéye ☐ yěye ☐

❸ jièjie ☐ jiějie ☐   ❹ bàba ☐ bába ☐

② 알맞은 곳에 스티커를 붙이세요.

❶

năinai

❷
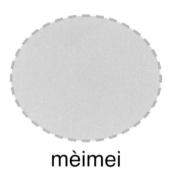
mèimei

❸
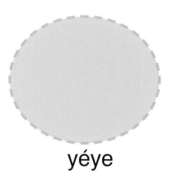
yéye

❹

māma

③ 그림을 보고 빈칸에 알맞은 병음을 써 넣으세요.

❶

d ☐ di

❷

ji ☐ jie

❸

b ☐ ba

 여기 지도 좀 봐! 와! 중국은 정말 크구나!

 우리나라의 96배야! 세계에서 세 번째로 큰 나라지.

 그렇구나. 그럼 사람들도 많이 살겠네?

 세계에서 사람이 가장 많이 살아. 무려 13억 명 이상이 살고 있어.
그리고 중국은 56개의 민족으로 구성되어 있어.

 우와! 중국은 땅도 크고, 인구도 많고, 민족도 다양하네!

Unit 3

a o e i u ü

yīfu

a
ā á ǎ à

입을 크게 벌리고, 우리말의 '아'처럼 발음합니다.

a a a

m + a ⇒ mā má mǎ mà

mà 骂

꾸짖다, 욕하다

pà 怕

무서워하다

o
ō ó ǒ ò

입은 반쯤 벌리고, 입 모양은 둥글게 해서 우리말의 '(오)어'처럼 발음합니다. 이때 '오' 발음은 짧게 하세요.

o o o

b + o ⇒ bō bó bǒ bò

bōlí 玻璃

유리

pò 破

깨다

e
ē é ě è

입을 약간 벌리고, 우리말의 '(으)어'처럼 발음합니다. 이때 '으' 발음은 짧게 하세요.

e e e

 h + e ⇒ hē hé hě hè

 hē 喝

마시다

 kělè 可 乐

콜라

i
ī í ǐ ì

입술을 양 옆으로 길게 벌려, 우리말의 '이'처럼 발음합니다.

i i i

 n + i ⇒ nī ní nǐ nì

 nǐ 你

너

 yīfu 衣 服

옷

u
ū ú ǔ ù

입술을 둥글게 오므리고 앞으로 내밀면서 우리말의 '우'처럼 발음합니다.

u u u

😊 k + u ⇒ kū kú kǔ kù

kū 哭

울다

bù 不

~이 아니다

ü
ū ú ǔ ù

'u'와 같은 입 모양을 하고 우리말의 '위'처럼 발음합니다. 발음이 끝날 때까지 입술 모양이 바뀌면 안 됩니다.

ü ü ü

😊 l + ü ⇒ lū lú lǔ lù

lùsè

绿色

녹색

yǔ 雨

비

*'ü' 앞에 성모가 오지 않을 때는 앞에 'y'를 붙이고, 'ü' 위의 두 점은 생략합니다.

弟弟喝可乐。

남동생이 콜라를 마셔요.

Dìdi hē kělè.

爸爸骂，
妹妹哭。

아빠가 꾸짖자,
여동생이 울어요.

Bàba mà, mèimei kū.

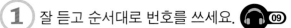 做一做 zuò yi zuò 　　연습문제

① 잘 듣고 순서대로 번호를 쓰세요. 09

 a o e i u ü

② 잘 듣고 병음이 알맞게 적힌 것을 고르세요. 10

❶

bōlí

bīlí

❷

lúsè

lǜsè

③ 다음 문장을 큰 소리로 읽어 보세요.

- Bàba mà, mèimei kū.
- Dìdi hē kělè.

④ 다음 단어를 읽고 알맞은 스티커를 붙이세요.

❶

yīfu

❷

pò

❸
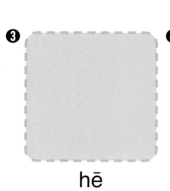
hē

❹

yǔ

5 빈칸에 알맞은 말을 써 넣으세요.

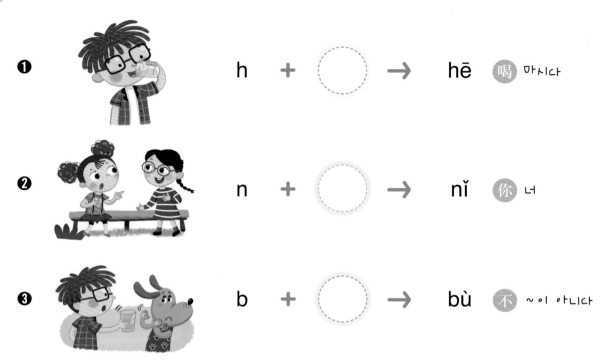

❶ h + ◯ → hē 喝 마시다

❷ n + ◯ → nǐ 你 너

❸ b + ◯ → bù 不 ~이 아니다

6 다음 단어를 읽고 'u' 발음이 나는 것은 ◯표, 'ü' 발음이 나는 것은 △표 하세요.

❶ yǔ ▢

❷ kū ▢

❸ lǜsè ▢

❹ bù ▢

좀더 알아보기

중국인은 뭘 먹을까?

 난난! 너 중국음식 먹어본 적 있다고 했지? 어때? 맛있어?

 응, 맛있어. 종류가 정말 많더라. 이상하게 생긴 음식도 많고…

 그렇게 종류가 많아?

 중국 사람들은 하늘에서 날개 달린 것 중에는 비행기, 땅에서 네 발 달린 것 중에는 책상 빼고 뭐든지 다 먹는대.

정말? 와~. 넌 어떤 게 제일 맛있었어?

'베이징 카오야'라고 하는 오리구이!
베이징에서 가장 유명한 요리래.

b
p
m
f

màn

b

bō bó bǒ bò

두 입술을 붙였다가 떼면서 내는 소리로, 우리말의 'ㅃ' 또는 'ㅂ'로 발음합니다.

b b b

😊 b + a ⇒ bā bá bǎ bà

báyá

拔 牙

이를 뽑다

 bǎi 百

100

---

p

pō pó pǒ pò

'b'처럼 발음하되 더 강하게 숨을 뱉으면서 소리를 냅니다. 우리말의 'ㅍ'처럼 발음합니다.

p p p

😊 p + ao ⇒ pāo páo pǎo pào

pǎobù

跑 步

달리다

píngguǒ

苹 果

사과

두 입술을 붙였다가 떼면서 코로 숨을 내보내면서 소리를 냅니다. 우리 말의 'ㅁ'처럼 발음합니다.

mō mó mǒ mò

 m + ai ⇒ māi mái mǎi mài

mǎi 买

사다

màn 慢

느리다

윗니를 아랫입술에 가볍게 갖다 대고 그 사이로 숨을 내보내면서 내는 소리로, 영어의 'f'처럼 발음합니다.

fō fó fǒ fò

f f f

 f + ang ⇒ fāng fáng fǎng fàng

fángjiān

房 间

방

fēngmì

蜂 蜜

꿀

我怕拔牙。

나는 이 뽑는 게 무서워요.

Wǒ pà báyá.

我不买苹果,
买蜂蜜。

나는 사과를 안 사고,
꿀을 사요.

Wǒ bù mǎi píngguǒ, mǎi fēngmì.

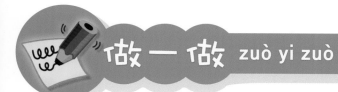 **做一做** zuò yi zuò 연습문제

날짜	확인

① 잘 듣고 맞는 것에 √ 하세요. ⑬

❶
bó	
mó	

❷
pà	
bà	

❸
bān	
mān	

❹
pěi	
fěi	

② 빈칸을 채우고, 알맞은 그림에 연결하세요.

❶ b ＋ á ＝ [　　] yá ・

・

❷ p ＋ íng ＝ [　　] guǒ ・

・

❸ f ＋ áng ＝ [　　] jian ・

・

③ 그림을 보고 빈칸에 알맞은 병음을 써 넣으세요.

❶

[　] ǎi

❷

[　] ǎo [　] ù

❸

[　] ēng [　] ì

HAPPY NEW YEAR

新年快乐

 선생님! 중국에도 우리나라처럼 명절이 있나요?

 그럼~ 중국에도 우리나라처럼 설날과 추석이 있단다.

 그래요? 언제인데요?

 우리나라와 똑같이 설날은 음력 1월 1일, 추석은 음력 8월 15일이란다.

 그러면 중국에서도 설날, 추석이라고 불러요?

 설날은 '춘절(春节)', 추석은 '중추절(中秋节)'이라고 부른단다.

 그날 중국 사람들은 뭘 먹어요?

 춘절에는 '교자(饺子)'라는 만두를 먹고 중추절에는 '월병(月饼)'이라는 걸 먹어.
그리고 명절에는 폭죽놀이도 한단다.

Unit 5

d
t
n
l

tiàowǔ

d
dē dé dě dè

혀 끝부분을 윗니 뒷부분에 붙였다가 떼면서 내는 소리로, 우리말의 'ㄸ' 또는 'ㄷ'으로 발음합니다.

d d d

d + ou ⇒ dōu dóu dǒu dòu

dōu 都

모두

dēngshān
登 山

등산

t
tē té tě tè

'd'와 같은 방법으로 발음하되 숨을 더 세게 뱉는 소리로, 우리말의 'ㅌ' 처럼 발음합니다.

t t t

t + ian ⇒ tiān tián tiǎn tiàn

tiānqì
天  气

날씨

tiàowǔ
跳 舞

춤을 추다

n

nē né ně nè

혀 끝부분을 윗니 뒷부분에 붙였다가 떼면서 코로 숨을 내보내며 소리를 냅니다. 우리말의 'ㄴ'처럼 발음합니다.

😊 n + iu ⇒ niū niú niǔ niù

niǎo 鸟

새

niúnǎi

牛 奶

우유

---

l

lē lé lě lè

혀 끝을 세워 윗니 뒷부분에 대고 숨을 혀의 양 옆으로 나오게 해서 내는 소리로, 우리말의 'ㄹ'처럼 발음합니다.

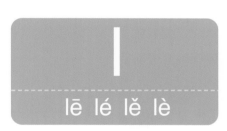

😊 l + ao ⇒ lāo láo lǎo lào

lǎoshī

老 师

선생님

lèi 累

피곤하다

我们都跳舞。

우리들은 모두 춤을 춰요.

Wǒmen dōu tiàowǔ.

我们的老师
今天很累。

우리 선생님께선
오늘 아주 피곤하세요.

Wǒmen de lǎoshī jīntiān hěn lèi.

 **zuò yi zuò** 연습문제

날짜	확인

5

① 1 잘 듣고 맞는 것에 ✔하세요. 🎧16

❶
dà	☐
tà	☐
nà	☐

❷
měi	☐
lěi	☐
něi	☐

❸
niāo	☐
tiāo	☐
liāo	☐

② 2 잘 듣고 순서대로 번호를 쓰세요. 🎧17

duó	tuó	nuó	luó
☐	☐	☐	☐

③ 3 빈칸을 채우고 큰 소리로 읽어 보세요.

❶   d + ēng = [ ] shān

❷   t + iào = [ ] wǔ

❸  n + iú = [ ] nǎi

❹  l + ǎo = [ ] shī

老师
lǎoshī 선생님

学生
xuéshēng 학생

医生
yīshēng 의사

护士
hùshi 간호사

律师
lǜshī 변호사

警察(公安)
jǐngchá 경찰
(gōng'ān)

厨师
chúshī 요리사

画家
huàjiā 화가

歌手
gēshǒu 가수

Tā shì xuéshēng.
그는 학생이에요.

g
k
h

6

kě'ài

g
gē gé gě gè

혀뿌리를 입천장 뒤쪽의 부드러운 부분에 댔다가 떼면서 내는 소리로,
우리말의 'ㄲ' 또는 'ㄱ'으로 발음합니다.

g g g

g + ao ⟹ gāo gáo gǎo gào

gāo 高

(키가) 크다

gèzi
个 子

키

guì 贵

비싸다, 귀하다

guāfēng
刮 风

바람이 불다

k

kē ké kě kè

'g'와 같은 방법으로 발음하되 숨을 좀더 강하게 내쉬면서 내는 소리로, 우리말의 'ㅋ'처럼 발음합니다.

k k k

 k + u ⇒ kū kú kǔ kù

kùzi

裤 子

바지

kě'ài

可 爱

귀엽다

h

hē hé hě hè

혀뿌리를 입천장 뒤쪽의 부드러운 부분에 닿을 듯 말 듯 하게 하여 그 사이로 숨을 내보내며 내는 소리로, 우리말의 'ㅎ'처럼 발음합니다.

h h h

 h + an ⇒ hān hán hǎn hàn

lǎohǔ

老 虎

호랑이

Hánguó

韩 国

한국

我个子高,
他个子不高。

나는 키가 크고,
그는 키가 크지 않아요.

Wǒ gèzi gāo, tā gèzi bù gāo.

红色的裤子贵,
蓝色的裤子
不贵。

빨간색 바지는 비싸고,
파란색 바지는 비싸지 않아요.

**Hóngsè de kùzi guì,
lánsè de kùzi bú guì.**

 **做一做** zuò yi zuò

연습문제

날짜	확인

1 잘 듣고 빈칸에 들어갈 알맞은 말을 골라 ○표 하세요. ㉑

❶ [　] ùn   k   g   ❷ [　] ùi   g   h

❸ lǎo [　] u   k   h   ❹ Hán [　] uó   k   g

6

2 잘 듣고 들려주는 말에 ○표 하세요. ㉒

❶ 　　guì　　　　　kuì　　　　　huì

　　　[　]　　　　　[　]　　　　　[　]

❷ 　　guǎng　　　　kuǎng　　　　huǎng

　　　[　]　　　　　[　]　　　　　[　]

3 사다리를 따라 가서 빈칸에 알맞은 병음을 써 넣으세요.

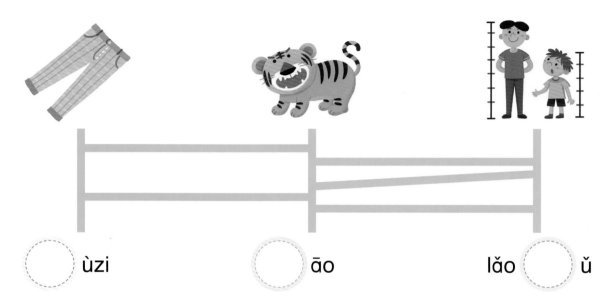

( ) ùzi　　　　　( ) āo　　　　　lǎo ( ) ǔ

🎧 23 동물

mǎ 말 马

shīzi 사자 狮子

xióng 곰 熊

dàxiàng 코끼리 大象

lǎohǔ 호랑이 老虎

èyú 악어 鳄鱼

hémǎ 하마 河马

chángjǐnglù 기린 长颈鹿

luòtuo 낙타 骆驼

j

q

x

qù

j

jī jí jǐ jì

j j j

혓바닥의 앞쪽을 입천장의 단단한 부분에 붙였다가 떼면서 내는 소리로, 우리말의 'ㅉ' 또는 'ㅈ'로 발음합니다.

j + ian ⇒ jiān jián jiǎn jiàn

jǐ 几

몇

jiǎndāo

剪刀

가위

q

qī qí qǐ qì

q q q

'j'와 같은 방법으로 발음하되, 숨을 더 강하게 뱉으면서 내는 소리로, 우리말의 'ㅊ'처럼 발음합니다.

q + ian ⇒ qiān qián qiǎn qiàn

qián 钱

돈

qù 去

가다

X

xī xí xǐ xì

혓바닥의 앞쪽을 입천장의 단단한 부분에 가까이 대고 그 사이로 숨을 내보내면서 내는 소리로, 우리말의 'ㅆ' 또는 'ㅅ'로 발음합니다.

X X X

x + ing ⇒ xīng xíng xǐng xìng

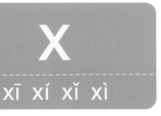

xīngqī
星 期

요일

xiāngshuǐ
香 水

향수

요일을 중국어로 말해봐요

xīngqītiān	xīngqīyī	xīngqī'èr	xīngqīsān
일요일	월요일	화요일	수요일

xīngqīsì	xīngqīwǔ	xīngqīliù
목요일	금요일	토요일

今天星期几?

오늘은 무슨 요일이에요?

Jīntiān xīngqī jǐ?

今天星期三。

오늘은 수요일이에요.

Jīntiān xīngqīsān.

做一做 zuò yi zuò   연습문제

날짜	확인

1 잘 듣고 알맞은 것에 ○표 하세요. 🎧 ②⑥

❶ jián ☐   qián ☐   xián ☐

❷ jǐ ☐   qǐ ☐   xǐ ☐

2 잘 듣고 빈칸에 알맞은 말을 써 넣으세요. 🎧 ②⑦

❶

_____ dāo

❷

_____ shuǐ

❸

_____

3 빈칸에 알맞은 말을 써 넣으세요.

☐ īngqī ☐ ǐ ?

무슨 요일이야?

4 빈칸에 알맞은 스티커를 붙이세요. 🖐

❶ jǐ   ❷ qù   ❸ jiǎndāo   ❹ qián

자음-jqx   51

 베이베이! 이거 뭐야?

 이게 바로 중국 돈이야.

 와~ 이건 얼마짜리인데?

 10위안짜리야.

 중국 돈 10위안이면 우리나라 돈으로는 얼마인데?

 1700원 정도야.

 그럼 10위안이 가장 큰 돈이야?

 아니, 100위안이 가장 큰 돈이야.

zh
ch
sh
r

Rìběn

zh
zhī zhí zhǐ zhì

혀끝을 가볍게 말아 올려 입천장에 살짝 닿게 한 뒤 그 사이로 숨을 뱉으면서, 우리말의 'ㅈ'처럼 발음합니다.

zh zh zh

zh + an ⇒ zhān zhán zhǎn zhàn

zhàn 站

서다

Zhōngguó
中国

중국

---

ch
chī chí chǐ chì

'zh'와 같은 방법으로 발음하되, 숨을 좀더 세게 뱉으면서 내는 소리로 우리말의 'ㅊ'처럼 발음합니다.

ch ch ch

ch + e ⇒ chē ché chě chè

chuán 船

배

zìxíngchē
自行车

자전거

sh
shī shí shǐ shì

혀끝을 가볍게 말아 올려 입천장에 닿을 듯 말 듯 한 상태에서 내는 소리로, 우리말의 'ㅅ'처럼 발음합니다.

sh sh sh

 sh + u ⇒ shū shú shǔ shù

shénme

무엇

shū 书

책

---

r
rī rí rǐ rì

혀 끝을 세워 윗니 뒷부분에 대고 숨을 혀의 양 옆으로 나오게 해서 내는 소리로, 우리말의 'ㄹ'처럼 발음합니다.

r r r

 r + e ⇒ re ré rě rè

rè 热

덥다

Rìběn 日本

일본

我是韩国人，
她是日本人。

나는 한국 사람이고,
그녀는 일본 사람이에요

Wǒ shì Hánguórén, tā shì Rìběnrén.

这是什么?
这是船。

이건 뭐야?
이건 배야.

Zhè shì shénme? Zhè shì chuán.

 **zuò yi zuò** 연습문제

1 그림을 보고 빈칸에 알맞은 스티커를 붙이세요.

 ❶

 ❷

 ❸

 ❹

[　] àn　　　[　] uán　　　[　] ìběn　　　[　] ū

8

2 잘 듣고 순서대로 번호를 쓰세요.

zhī	chī	shī	rī
[　]	[　]	[　]	[　]

3 잘 듣고 맞는 발음에 ✔하세요.

❶

zìxíngshē [　]
zìxíngchē [　]

❷

Chōngguó [　]
Zhōngguó [　]

❸

shénme [　]
zhénme [　]

❹

Shìběn [　]
Rìběn [　]

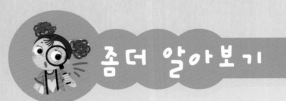

chuán 배 船

fēijī 비행기 飞机

huǒchē 기차 火车

gōnggòngqìchē 버스
公共汽车

qìchē 자동차 汽车

mótuōchē 오토바이 摩托车

chūzūchē 택시 出租车

zìxíngchē 자전거 自行车

dìtiě 지하철 地铁

Unit 9

z

c

s

dǎsǎo

Z
ZĪ ZÍ ZǏ ZÌ

입을 옆으로 벌리고 혀끝을 펴서 윗니 뒤에 대고 숨을 뱉으면서 내는 소리로, 우리말의 'ㅉ' 또는 'ㅈ'로 발음합니다.

Z Z Z

z + ang ⇒ zāng záng zǎng zàng

zāng 脏

더럽다

zěnmeyàng
怎 么 样

어때?

C
CĪ CÍ CǏ CÌ

'z'와 같은 방법으로 발음하되, 숨을 좀더 세게 뱉으면서 소리를 냅니다. 우리말의 'ㅊ'처럼 발음합니다.

C C C

c + ao ⇒ cāo cáo cǎo cào

cǎoméi
草 莓

딸기

cídiǎn
词 典

사전

S
sī sí sǐ sì

입을 옆으로 벌리고 혀끝을 펴서 윗니 뒤에 대고 숨을 혓바닥과 윗니 사이로 내보내면서 내는 소리로, 우리말의 'ㅆ' 또는 'ㅅ'로 발음합니다.

S S S

 s + ao ⇒ sāo sáo sǎo sào

suì 岁

~살(나이)

dǎsǎo

打 扫

청소하다

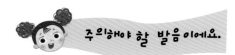 주의해야 할 발음이에요.

ji	zhi	zi
qi	chi	ci
xi	shi	si

ju	jun	juan
zhu	zhun	zhuan
zu	zun	zuan

❶ 'ji, zhi, zi', 'qi, chi, ci', 'xi, shi, si'를 각각 발음해 보세요.
❷ 'zh'와 'z' 발음은 헷갈리기 쉬우니 주의해서 발음하세요.
❸ 'u, un, uan'과 'j', 'z/zh'가 결합하면 서로 다르게 발음해요. 왜냐하면 'j' 뒤에 오는 'u'는 'ü' 발음이기 때문이에요. ('j, q, x' 뒤의 'u'는 'ü')

我 想 吃 草 莓。

나는 딸기가 먹고 싶어요.

Wǒ xiǎng chī cǎoméi.

你 今 年 几 岁?
我 八 岁。

너 올해 몇 살이니?
저 여덟 살이에요.

Nǐ jīnnián jǐ suì? Wǒ bā suì.

 做一做 zuò yi zuò 연습문제

1 잘 듣고 빈칸에 알맞은 말을 써 넣으세요. 🎧 35

❶ ☐ uì ❷ ☐ ídiǎn ❸ ☐ ěnmeyàng

2 그림을 보고 공통으로 들어가는 발음을 고르세요.

打扫 岁

❶ z ❷ c ❸ s ❹ sh

3 그림을 보고 빈칸에 알맞은 말을 넣어 문장을 완성하세요.

❶

나는 딸기가 먹고 싶어.

Wǒ xiǎng chī _____.

❷

난 여덟 살이야.

Wǒ bā _____.

sānmíngzhì

샌드위치 三明治

bǐnggān

과자 饼干

miànbāo

빵 面包

bīngqílín

아이스크림 冰淇淋

bǐsàbǐng

피자 比萨饼

hànbǎobāo

햄버거 汉堡包

règǒu

핫도그 热狗

kělè

콜라 可乐

dàngāo

케익 蛋糕

Wǒ xiǎng chī bǐsàbǐng!

난 피자 먹고 싶어!

Wǒ xiǎng hē kělè!

난 콜라 마시고 싶어!

Unit 10

ai
ao
an
ang

10

pàng

ai
āi ái ǎi ài

우리말의 '아이'처럼 발음합니다.

ai

 h + ai ⇒ hāi hái hǎi hài

ài 爱

사랑하다

hǎi 海

바다

---

ao
āo áo ǎo ào

우리말의 '아오'처럼 발음합니다.

ao

 z + ao ⇒ zāo záo zǎo zào

bào 报

신문

zǎoshang
早上

아침

an
ān án ǎn àn

우리말의 '안'처럼 발음합니다.

an

 k + an ⇒ kān kán kǎn kàn

kàn 看

보다

shān 山

산

ang
āng áng ǎng àng

우리말의 '앙'처럼 발음합니다.

ang

 t + ang ⇒ tāng táng tǎng tàng

táng 糖

사탕

pàng 胖

뚱뚱하다

妈妈爱爸爸,
妈妈爱我。

엄마는 아빠를 사랑하고,
엄마는 나를 사랑해요.

Māma ài bàba, māma ài wǒ.

爷爷看报。

할아버지께서 신문을 보세요.

Yéye kàn bào.

做一做 **zuò yi zuò** 연습문제

날짜 | 확인

1 잘 듣고 빈칸에 들어갈 말을 연결하세요. 39

❶ h ⬚ • • ān

❷ z ⬚ shang • • ǎi

❸ sh ⬚ • • áng

❹ t ⬚ • • ǎo

2 잘 듣고 성조가 바르게 표시된 것에 ✔하세요. 40

❶
ái ○
ài ○

❷
kàn ○
kán ○

10

3 빈칸을 채우고 큰 소리로 읽어 보세요.

❶  táng → t +

❷  shān → sh +

❸  bào → b +

 아~ 중국 음식 맛있다! 그런데 좀 느끼하네.

 난난, 이 차 좀 마셔봐~ 그럼 좀 괜찮아질 거야.

 어~ 정말 괜찮아졌는데…

 중국 음식은 기름이 많이 들어가서 좀 느끼하지. 그래서 중국인들은 차를   즐겨 마셔. 차의 종류도 무척 많아.

 그래?

 차를 마시면 느끼함을 없앨 수 있어. 그리고… 기름진 음식을 먹은 후에 차를 마시면 살찔 염려도 없대! 일석이조지!

 어쩐지… 그래서 아까부터 계속 차를 마셨구나~.

ou

ong

tóu

ou
ōu óu ǒu òu

우리말의 '어우'처럼 발음합니다.

ou

k + ou ⇒ kōu kóu kǒu kòu

kǒukě 口渴

목이 마르다

tóu 头

머리

xiǎogǒu 小狗

강아지

shǒutào 手套

장갑

ong
ōng óng ǒng òng

입술을 둥글게 해서 우리말의 '옹'처럼 발음합니다.

<u>ong</u>

 d + ong ⟹ dōng dóng dǒng dòng

kōngtiáo
空调

에어컨

 tòng 痛

아프다

dōngtiān
冬天

겨울

gōnggòngqìchē

버스 公共汽车

11

小狗口渴。

강아지는 목이 말라요.

Xiǎogǒu kǒukě.

奶奶头痛。

할머니는 머리가 아파요.

Nǎinai tóu tòng.

 做一做 zuò yi zuò　　연습문제

1 잘 듣고 맞으면 ○표, 틀리면 Ｘ표 하세요. 43

❶ tóu　　　　　　　　☐

❷ dōutiān　　　　　　☐

❸ gónggòngqìché　　☐

❹ kōngtiáo　　　　　☐

2 잘 듣고 빈칸에 알맞은 말을 써 넣으세요. 44

> dōng　gǒu　shǒu

❶

xiǎo ☐

❷

☐ tiān

❸

☐ tào

11

3 그림을 보고 빈칸에 알맞은 스티커를 붙이세요.

❶

t ☐

❷

t ☐

❸

k ☐ kě

❹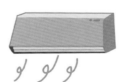

k ☐ tiáo

tóu 머리 头	bózi 목 脖子
yǎnjing 눈 眼睛	jiānbǎng 어깨 肩膀
bízi 코 鼻子	bèi 등 背
zuǐba 입 嘴巴	shǒu 손 手
ěrduo 귀 耳朵	jiǎo 발 脚

ei

en

eng

běnzi

ei
ēi éi ěi èi

우리말의 '에이'처럼 발음합니다.

ei

f + ei ⇒ fēi féi fěi fèi

méiyǒu
没有

없다

hēisè
黑色

검은색

fēijī
飞机

비행기

cǎoméi
草莓

딸기

en

ēn én ěn èn

우리말의 '언'처럼 발음합니다.

h + en ⟹ hēn hén hěn hèn

hěn 很

매우

běnzi

本子

노트

---

eng

ēng éng ěng èng

우리말의 '엉'처럼 발음합니다.

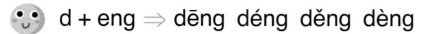

d + eng ⟹ dēng déng děng dèng

lěng 冷

춥다

děng 等

기다리다

x

12

모음 - ei en eng

哥哥
没有本子。

오빠는 노트가 없어요.

Gēge méiyǒu běnzi.

冬天很冷。

겨울은 아주 추워요.

Dōngtiān hěn lěng.

 zuò yi zuò

연습문제

날짜	확인

1 잘 듣고 알맞은 성조를 표시하세요. 48

❶ hen　　　　❷ leng　　　　❸ deng

2 잘 듣고 빈칸을 채우고, 각 단어에 해당하는 스티커를 붙이세요. 49

❶ cǎom_____　　❷ d_____　　❸ h_____

3 그림을 보고 빈칸을 채우세요.

12

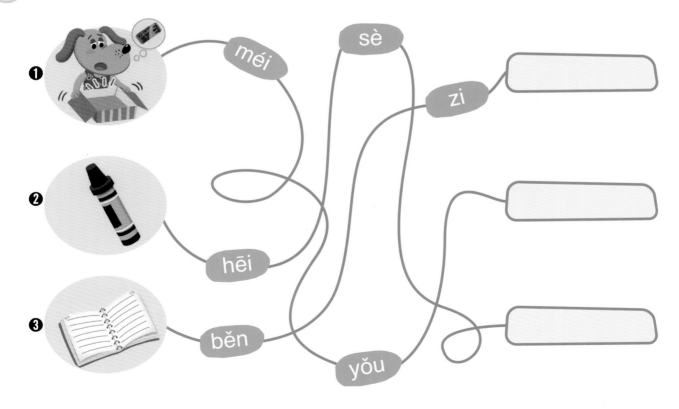

hēibǎn 칠판 黑板　　 qiānbǐ 연필 铅笔

 fěnbǐ 분필 粉笔　　 bǐhé 필통 笔盒

 hēibǎncā 칠판지우개 黑板擦　　 běnzi 노트 本子

 zhuōzi 책상 桌子　　 yuánzhūbǐ 볼펜 圆珠笔

 yǐzi 의자 椅子　　 xiàngpí 지우개 橡皮

ia
iao
ie
iu (iou)

jiā

ia
iā iá iǎ ià

ia

우리말의 '이아'처럼 발음합니다. 이때 '이' 발음을 더 길고 세게 발음합니다.

ia

😊 j + ia ⟹ jiā jiá jiǎ jià

xiàtiān 夏天

여름

jiā 家

집

iao
iāo iáo iǎo iào

iao

우리말의 '이아오'처럼 발음합니다.

iao

😊 b + iao ⟹ biāo biáo biǎo biào

shǒubiǎo 手表

손목시계

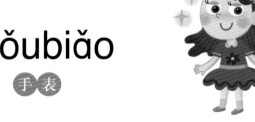

piàoliang 漂亮

예쁘다

우리말의 '이에'처럼 발음합니다.

ie

 x + ie ⇒ xiē xié xiě xiè

 xièxie
 谢 谢

고마워

 dìtiě
 地 铁

지하철

iu(iou)

iū iú iǔ iù

우리말의 '이어우'처럼 발음합니다.

iu

 q + iu ⇒ qiū qiú qiǔ qiù

 qiūtiān
 秋 天

가을

 yǒu 有

있다

谢谢！
不客气！

고맙습니다!
천만에!

Xièxie!　Bú kèqi!

妈妈漂亮，
姐姐也漂亮。

엄마는 예쁘시고,
언니도 예뻐요.

Māma piàoliang, jiějie yě piàoliang.

 zuò yi zuò 연습문제

1 잘 듣고 알맞은 성조를 표시하세요.

❶ shǒubiao   ❷ qiutiān   ❸ xiatiān

2 빈칸에 들어갈 알맞은 병음을 쓰세요.

 ❶ j □

 ❷ y □

3 알맞은 것을 고르고 큰 소리로 읽어 보세요.

❶

dì — tiào
dì — tiě

❷

shǒu
xiāo — biǎo
shū

4 다음 발음이 나는 단어에 ○표 하세요.

 iao

shǒubiǎo   yǒu   qiūtiān   piàoliang   jiā

 난난, 과일 뭐 살 거야?

 배를 살 거야. 베이베이가 배를 좋아해서 선물하려고.

 음… 중국인 친구에게 선물해서는 안 되는 것이 몇 가지 있는데 배도 그 중의 하나야.

 왜? 중국 사람들은 배 싫어해? 베이베이는 좋아하는데…

 배를 중국어로는 '리쯔'라고 하는데 lí(梨)라는 발음이 '헤어지다'라는 뜻의 lí(离)와 똑같아서 그래. 중국 사람들에게 배는 이별을 상징하는 과일이야.

 아~ 큰일날 뻔 했다! 베이베이하고 헤어지기 싫어~!

ian
in
iang
ing
iong

jīntiān

ian
iān ián iǎn iàn

우리말의 '이엔'처럼 발음합니다. '이안'으로 읽지 않도록 주의하세요.

ian

:) j + ian ⇒ jiān jián jiǎn jiàn

zàijiàn
再见

잘 가(헤어질 때 인사말)

yánsè
颜色

색깔

biànhuà
变化

변화하다

qián 钱

돈

in

īn ín ǐn ìn

우리말의 '인'처럼 발음합니다.

in

j + in ⇒ jīn jín jǐn jìn

jīntiān

今 天

오늘

yīnyuè

音 乐

음악

iang

iāng iáng iǎng iàng

우리말의 '이앙'처럼 발음합니다.

iang

x + iang ⇒ xiāng xiáng xiǎng xiàng

xiǎng 想

~하고 싶다

guǒjiàng

果 酱

잼

ing
īng íng ǐng ìng

우리말의 '잉'처럼 발음합니다.

ing

t + ing ⇒ tīng tíng tǐng tìng

tīng 听

듣다

diànyǐng
电 影

영화

iong
iōng ióng iǒng iòng

우리말의 '이옹'처럼 발음합니다.

iong

x + iong ⇒ xiōng xióng xiǒng xiòng

xióngmāo
熊 猫

판다

yóuyǒng
游 泳

수영하다

弟弟听音乐。

남동생이 음악을 들어요.

Dìdi tīng yīnyuè.

明明想
看电影。

밍밍은 영화를
보고 싶어해요.

Míngming xiǎng kàn diànyǐng.

14

做一做 zuò yi zuò

연습문제

1 잘 듣고 빈칸에 들어갈 알맞은 성조를 골라 ○표 하세요.

❶ yānsè

❷ yóuyǒng

❸ xióngmāo

❹ zàijian

2 빈칸에 알맞은 말을 넣어 퍼즐을 완성하세요.

3 뜻을 보고 병음을 바르게 배열하여 단어를 완성하세요.

❶ àizàjni

잘 가

❷ nmāoxióg

판다

4 빈칸에 알맞은 말을 넣어 문장을 완성하세요.

> tīng   xiǎng   yóuyǒng   yīnyuè

❶ 판다는 수영을 하고 싶어해요.

Xióngmāo _____ _____ .

❷ 남동생은 음악을 들어요.

Dìdi _____ _____ .

5 그림을 보고 알맞은 것에 ✔하세요.

❶

zàijiàn ☐
jàiziàn ☐

❷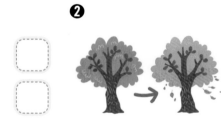

biànhuà ☐
biànghuà ☐

❸

guǒjiòng ☐
guǒjiàng ☐

❹

jīntīn ☐
jīntiān ☐

14

足球 zúqiú 축구

篮球 lánqiú 농구

棒球 bàngqiú 야구

滑雪 huáxuě 스키

网球 wǎngqiú 테니스

羽毛球 yǔmáoqiú

배드민턴

乒乓球 pīngpāngqiú

탁구

跆拳道 táiquándào

태권도

Unit **15**

ua
uo
uai
ui (uei)

wǒ

ua
uā uá uǎ uà

우리말의 '우아'처럼 발음합니다.

ua

 g + ua ⇒ guā guá guǎ guà

guāfēng
刮 风

바람이 불다

wàzi
袜 子

양말

---

uo
uō uó uǒ uò

우리말의 '우오'처럼 발음합니다.

uo

 z + uo ⇒ zuō zuó zuǒ zuò

zuòyè
作 业

숙제

wǒ 我

나

uai

uāi uái uǎi uài

우리말의 '우아이'처럼 발음합니다.

uai

 sh + uai ⇒ shuāi shuái shuǎi shuài

 shuài 帅

멋있다

 wàibian

外边

바깥

ui(uei)

uī uí uǐ uì

우리말의 '우에이'처럼 발음합니다.

ui

15

d+ ui ⇒ duī duí duǐ duì

 duìbuqǐ

 对 不 起

죄송해요(미안해)

  wéi 喂

여보세요

外边刮风。

바깥에 바람이 불어요.

Wàibian guāfēng.

爸爸很帅,
妈妈很漂亮。

아빠는 멋있고,
엄마는 예뻐요.

Bàba hěn shuài, māma hěn
piàoliang.

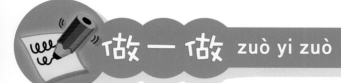 **做一做** zuò yi zuò 연습문제

날짜	확인

1 잘 듣고 빈칸에 들어갈 알맞은 말에 연결하세요.

❶ g ☐ fèng • • uài

❷ z ☐ yè • • uā

❸ sh ☐ • • uì

❹ d ☐ buqǐ • • uò

2 잘 듣고 단어의 밑줄 친 부분에 알맞은 발음을 찾아 쓰세요.   **ua uo uai ui(uei)**

❶ <u>wà</u>zi ➡ ☐   ❷ <u>wài</u>bian ➡ ☐

❸ <u>wéi</u> ➡ ☐   ❹ <u>wǒ</u> ➡ ☐

3 다음 단어들 중에서 모음 발음이 같은 것을 찾아 아래 상자에 써 보세요.

> kuà   huāi   suó   tuī
> guǐ   zhuó   kuǎi   shuǎ

ua   **uo**   **uai**   **ui**

15

běibian
北边 북쪽

qiánbian
前边 앞쪽

zhōngjiān
中间 중간

xībian
西边 서쪽

dōngbian
东边 동쪽

hòubian
后边 뒤쪽

shàngbian
上边 위쪽

Wǒ jiā zài dōngbian.
우리집은 동쪽에 있어.

xiàbian
下边 아래쪽

南边 남쪽
nánbian

uan
un(uen)
uang
ueng

xǐhuan

uan
uān uán uǎn uàn

우리말의 '우안'처럼 발음합니다.

uan

g + uan ⇒ guān guán guǎn guàn

méi guānxi
没 关 系

괜찮다

xǐhuan
喜 欢

좋아하다

un(uen)
ūn ún ǔn ùn

우리말의 '우언'처럼 발음합니다.

un

h + un ⇒ hūn hún hǔn hùn

chūntiān
春 天

봄

jiéhūn
结 婚

결혼

uang

uāng uáng uǎng uàng

우리말의 '우앙'처럼 발음합니다.

uang

 h + uang ⇒ huāng huáng huǎng huàng

 **chuānghu** 窗 户

창문

 **huángsè** 黄 色

노란색

---

ueng

uēng uéng uěng uèng

우리말의 '우엉'처럼 발음합니다.

ueng

 ueng ⇒ wēng wéng wěng wèng

 **wēng** 翁

노인

 **wèng** 瓮

항아리

对不起!
没关系!

미안해요!
괜찮아!

Duìbuqǐ! Méi guānxi!

我很喜欢
春天。

나는 봄을 아주 좋아해요.

Wǒ hěn xǐhuan chūntiān.

 zuò yi zuò 연습문제

날짜	확인

1 잘 듣고 빈칸에 알맞은 성조를 표시하세요. 65

❶

weng

❷
huangsè

❸

méi guanxi

2 잘 듣고 성조가 맞게 표시된 것에 ○표 하세요. 66

❶

jiéhùn
jiéhūn

❷

chuánghu
chuānghu

❸

xíhuan
xǐhuan

❹

wēng
wèng

16

3 단어의 밑줄 친 부분에 어떤 발음이 나는지 보기에서 골라 써 보세요.

❶ wǎnshang → ☐

❷ wǎngqiú → ☐

❸ wēng → ☐

❹ wèn → ☐

uan
un(uen)
uang
ueng

红色

橘黄色

黄色

绿色

蓝色

紫色

粉红色

白色

黑色

- hóngsè 빨간색
- júhuángsè 주황색
- huángsè 노란색
- lǜsè 녹색
- lánsè 파란색
- zǐsè 보라색
- fěnhóngsè 분홍색
- báisè 흰색
- hēisè 검정색

üe
ün
üan

xiàxuě

üe

üē üé üě üè

우리말의 '위에'처럼 발음합니다.

üe

x + üe ⇒ xuē xué xuě xuè

xuéxí

 学习

공부하다

xiàxuě

下雪

눈이 내리다

yuèliang

 月亮

달

kǒngquè

孔雀

공작

ün

ūn ún ǔn ùn

우리말의 '윈'처럼 발음합니다.

ün

 q + ün ⇒ qūn qún qǔn qùn

qúnzi

치마

yùndòng
运动

운동

üan

üān üán üǎn üàn

우리말의 '위엔'처럼 발음합니다.

üan

 j + üan ⇒ juān juán juǎn juàn

juǎn

말다, 감다

yuǎn 远

멀다

哥哥喜欢运动,
我喜欢学习。

오빠는 운동을 좋아하고,
나는 공부를 좋아해요.

Gēge xǐhuan yùndòng,
wǒ xǐhuan xuéxí.

今天外边
下雪。

오늘은 밖에 눈이 내려요.

Jīntiān wàibian xiàxuě.

做一做 zuò yi zuò　　연습문제

1 잘 듣고 순서대로 번호를 쓰세요. 🎧 70

xué ☐　　qún ☐　　juǎn ☐　　què ☐

2 잘 듣고 맞는 발음에 ○ 하세요. 🎧 71

❶ yùndòng ☐　　❷ xuánxí ☐　　❸ juǎn ☐

　 yuàndòng ☐　　　 xuéxí ☐　　　 jǔn ☐

3 빈칸에 알맞은 스티커를 붙이세요. 👆

❶

xiàxuě

❷

juǎn

❸

qúnzi

❹

yuǎn

❺

yùndòng

❻

yuèliang

 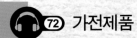

❶ xǐyījī 세탁기 洗衣机

❷ diànnǎo 컴퓨터 电脑

❸ shǒujī 휴대폰 手机

❹ kōngtiáo 에어컨 空调

❺ diànfànguō 전기밥솥 电饭锅

❻ bīngxiāng 냉장고 冰箱

Unit 18

er

nǚ'ér

er
ēr ér ěr èr

우리말의 '얼'처럼 발음합니다. 이때 혀는 입천장에 닿지 않을 정도로 말면서 발음합니다.

er

er ⇒ ēr ér ěr èr

èr yuè
二月

2월

èrshí hào
二十号

20일

ěrduo
耳朵

귀

nǚ'ér
女儿

딸

értóngjié
儿童节

어린이날

今天二月
二十号。

오늘은 2월 20일이에요.

Jīntiān èr yuè èrshí hào.

今天五月五号,
儿童节。

오늘은 5월 5일,
어린이날이에요.

Jīntiān wǔ yuè wǔ hào,
értóngjié.

 做一做 zuò yi zuò　　연습문제

① 잘 듣고 빈칸에 알맞은 말을 써 넣으세요. 🎧75

❶

＿＿＿ yuè

❷

＿＿＿ tóngjié

❸

＿＿＿ duo

❹

＿＿＿ shí hào

② 잘 듣고 성조를 표시하세요. 🎧76

Jintian er yue ershi hao.

③ 잘 듣고 맞으면 ○표, 틀리면 ✕표 하세요. 🎧77

❶ èr yuè ☐　　❷ nǚ'ér ☐　　❸ ěrduo ☐

4 큰 소리로 발음해 보세요.

er ēr ér ěr èr

5 알맞은 것끼리 연결하세요.

❶ 2월 •　　　　　• ěrduo

❷ 딸 •　　　　　• értóngjié

❸ 어린이날 •　　　　　• èr yuè

❹ 귀 •　　　　　• nǚ'ér

18

6 보기의 단어를 사용해서 문장을 만들어 보세요.

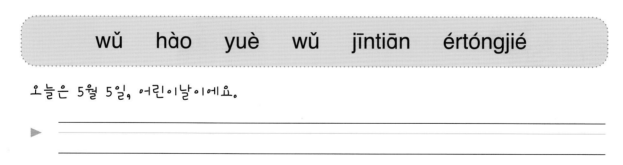

wǔ　hào　yuè　wǔ　jīntiān　értóngjié

오늘은 5월 5일, 어린이날이에요.

▶ _____

_____

티셔츠 ①
바지 ②
청바지 ④
⑤ 운동화
③ 스웨터
⑥ 외투
⑦ 치마
⑧ 양말

❶ Txùshān T恤衫 ❷ kùzi 裤子 ❸ máoyī 毛衣 ❹ niúzǎikù 牛仔裤

❺ yùndòngxié 运动鞋 ❻ wàitào 外套 ❼ qúnzi 裙子 ❽ wàzi 袜子

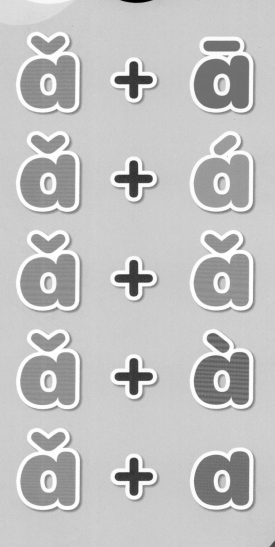

ǎ + ā

ǎ + á

ǎ + ǎ

ǎ + à

ǎ + a

căihóng

3성 뒤에 1성

ǎ + ā

3성 뒤에 2성

ǎ + á

3성 뒤에 3성

ǎ + ǎ

3성 뒤에 4성

ǎ + à

3성 뒤에 경성

ǎ + a

lǎoshī

선생님

zǎo'ān

안녕!(아침 인사)

cǎihóng

무지개

qǐchuáng

(아침에)일어나다

hěn hǎo

아주 좋다

xǐliǎn

세수하다

pǎobù

달리다

lǐwù

선물

wǒmen

우리들

nǐmen

너희들

19

早上我们起床。

Zǎoshang wǒmen qǐchuáng.

아침에 우리들은 일어나요.

我们跑步，奶奶洗脸。

Wǒmen pǎobù, nǎinai xǐliǎn.

우리는 조깅을 하고, 할머니께선 세수를 하세요.

奶奶早安！

Nǎinai zǎo'ān!

할머니, 안녕히 주무셨어요!

你们早安！

Nǐmen zǎo'ān!

너희들 잘 잤니!

做一做 zuò yi zuò　연습문제

날짜	확인

1 잘 듣고 알맞은 성조를 표시하세요. 🎧81

❶ paopao　　　　❷ paopao　　　　❸ paopao

2 잘 듣고 밑줄 친 부분이 2성으로 발음되는 것에 ○표 하세요. 🎧82

❶ 　　❷ 　　❸

lǎoshī　　　　xǐliǎn　　　　pǎobù　　　　hěn hǎo

3 그림을 보고 알맞은 말을 쓰세요.

nǐmen　lǐwù　cǎihóng　qǐchuáng

❶

❷

❸

❹

 선생님! 만리장성은 얼마나 길어요? 끝이 안 보여요~.

 6000km 정도 걸으면 끝이 보이려나?

 네? 아니 그렇게 길어요?

 그러니까 '만리장성'이지! 만리장성은 2000년 전 중국 진나라 진시황 때 만들어진 것인데, 길이가 1만리 정도 된다고 해서 '만리장성'이라고 이름을 붙인 거란다. 서울에서 부산을 8번 왔다 갔다 할 수 있는 거리지.

 와~ 그럼 옛날 사람들이 이 성을 다 손으로 쌓은 거예요?

 그래, 수백만 명의 사람들이 함께 성을 쌓았단다. 상상이 되니? 만리장성은 세계 7대 불가사의 중의 하나이기도 해.

 상상이 안 돼요! 진짜 불가사의다! 아무튼 감탄, 또 감탄!!

Unit 20

一 (yī)의 성조변화

不 (bù)의 성조변화

yígòng

20

 의 성조변화

一(yī) 뒤에 1성

yì + 1성

一(yī) 뒤에 2성

yì + 2성

一(yī) 뒤에 3성

yì + 3성

一(yī) 뒤에 4성

yí + 4성

yìtiān

一 天

하루

yìqiān

一 千

천(1000)

yìnián

一 年

일년

yìzhí

一 直

곧장, 줄곧

yìqǐ

一 起

같이, 함께

yígòng

一 共

전부

yíyàng

一 样

같다

20

不의 성조 변화 🎧84

不(bù) 뒤에 1성

bù+ 1성

不(bù) 뒤에 2성

bù+ 2성

不(bù) 뒤에 3성

bù+ 3성

不(bù) 뒤에 4성

bú+ 4성

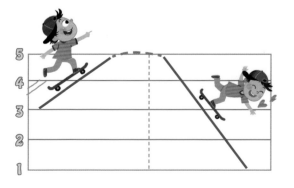

bù chī
不 吃
안 먹는다

bù hē
不 喝
안 마신다

bù lái
不 来
안 온다

bù máng
不 忙
안 바쁘다

bù hǎo
不 好
안 좋다

bù lěng
不 冷
안 춥다

bú rè
不 热
안 덥다

bú qù
不 去
안 간다

20

 **做一做** zuò yi zuò 연습문제

날짜	확인

① 잘 듣고 다음 글자의 성조가 나머지 둘과 다른 것을 고르세요. 85

yi
❶ ❷ ❸

bu
❶ ❷ ❸

② 잘 듣고 빈칸에 알맞은 성조를 표시하세요. 86

❶  bu he

❷  yiyang

❸  yizhi

❹  bu re

③ 잘 듣고 맞는 것에 ○표 하세요. 87

❶ yìnián yínián ❷ bú chī bù chī

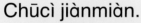

Chūcì jiànmiàn.
처음 뵙겠습니다.

初次见面。

Qǐng duō guānzhào.
잘 부탁드립니다.

请多关照。

Xīnkǔ le.
수고했다.

辛苦了。

欢迎光临。

Máfan nǐ le.
폐를 끼쳤네요.

麻烦你了。

Huānyíng guānglín.
어서 오세요.

Zhù nǐ jiànkāng.
건강하세요.

祝你健康。

종합문제

1. 잘 듣고 맞는 것에 ✔ 하세요. 🎧 89

① chì ☐
   chī ☐

② jiǔ ☐
   jiú ☐

③ lǎi ☐
   lái ☐

④ yāo ☐
   yào ☐

2. 잘 듣고 다음 중 경성이 있는 단어에 ✔ 하세요.

①

②

③

④

3. 잘 듣고 밑줄 친 부분의 성조가 나머지 셋과 다른 것을 고르세요.

① lǎoshī

② kǒuqín

③ kělè

④ xǐzǎo

4. 잘 듣고 성조가 바르게 된 것을 고르세요.

① yíyàng _____ bú hǎo

② yì ge _____ bù chī

③ yìqǐ _____ bú rè

5. 잘 듣고 다음 단어에 성조를 표시하세요.

① yibai

② feiji

③ bu qu

④ baba

6. 잘 듣고 다음 문장에 성조를 표시하세요.

① Xiexie !

② Bu keqi !

③ Duibuqi !

④ Mei guanxi !

7. 잘 듣고 맞는 것에 ✔ 하세요.

① bèi ☐ bǎi ☐

② wǔ ☐ wǒ ☐

③ yǔ ☐ yǒu ☐

④ yá ☐ yě ☐

8. 잘 듣고 순서대로 번호를 쓰세요.

| ēng ☐ | wáng ☐ | wēng ☐ | áng ☐ |

9. 잘 듣고 빈칸에 들어갈 알맞은 말을 찾아 연결하세요.

① dàx [____]　•　•　ǎi

② cǎom [____]　•　•　iān

③ m [____]　•　•　éi

④ chūnt [____]　•　•　iàng

10. 잘 듣고 빈칸에 알맞은 말을 쓰세요.

① cǎih [____]

② x [____] māo

③ yóu [____]

④ Zh [____] guó

11. 잘 듣고 빈칸에 알맞은 말을 쓰세요.

①

c__d_____

②

l_s_

③

q__ch_____

④

p___l___

12. 잘 듣고 맞는 것에 ○표 하세요.

① pōluó   bōluó   bōnuó

② nǎinai   lǎinai   lǎilai

③ lègǒu   nègǒu   règǒu

④ pēngmì   fēngmì   bēngmì

13. 잘 듣고 병음이 바르게 표시된 것을 고르세요.

① měitia —— hùzi

② dàiyáng —— kāngqín

③ dàngāo —— hémǎ

14. 잘 듣고 순서대로 번호를 쓰세요.

xī	zī	cī	jī	qī	sī
☐	☐	☐	☐	☐	☐

15. 잘 듣고 빈칸에 알맞은 말을 쓰세요.

①

iǎndāo

②

uānghu

16. 잘 듣고 보기에서 알맞은 말을 찾아 쓰세요.

보기   z   c   s   zh   ch   sh

① ☐ uòyè

② ☐ ǒutào

17. 잘 듣고 빈칸에 알맞은 말을 쓰세요.

①

②

☐ ài   iàn   ☐ ué   í

18. 잘 듣고 알맞은 단어를 받아 써 보세요.

①

②

③

④

_____

19. 잘 듣고 다음 단어를 받아 써 보세요.

①

②

20. 잘 듣고 다음 문장을 받아 써 보세요.

①

②

부록

1 성조 익히기 ········· p.13

2. ① bā ☐ bà ○   ② mā ☐ má ○

3.

lǐng (X)	mā ○	miǎn	luò ☐
wù △	bō ○	béi	kē ☐
qī ○	fèi ☐	èr ☐	chuáng (X)
bā ○	sǎn (X)	yǐ △	xiàn ☐

1성 __5__ 개
2성 __4__ 개
3성 __3__ 개
4성 __4__ 개

2 경성 익히기 ········· p.19

1.
① māma ○ màma ☐   ② yéye ○ yěye ☐
③ jièjie ☐ jiějie ○   ④ bàba ○ bába ☐

2.
① nǎinai ② mèimei ③ yéye ④ māma

3. ① d [ì] di   ② ji [ě] jie   ③ b [à] ba

3 a o e i u ü ········· p.26

1.
a	o	e	i	u	ü
3	4	1	6	2	5

2. ① (bōlí) / bīlí   ② lúsè / (lǜsè)

4. ① ② ③ ④

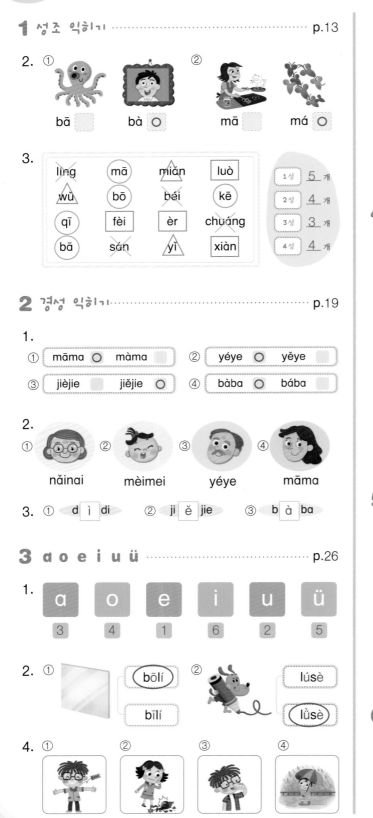

5. ① h + ē   ② n + ǐ   ③ b + ù

6. ① yǔ △   ② kū ○
③ lǜsè △   ④ bù ○

4 b p m f ········· p.33

1. ① bó ✓ ② pà ✓ ③ bān ④ pěi
mó   bà   mān ✓   fěi ✓

2.
① b + á = bá yá
② p + íng = píng guǒ
③ f + áng = fáng jian

3. ① b ǎi   ② p ǎo b ù   ③ f ēng m ì

5 d t n l ········· p.39

1.
① dà ✓ / tà / nà
② měi ✓ / lěi / něi
③ niāo / tiāo / liāo ✓

2. | 3 | 4 | 1 | 2 |

3. ① d + ēng = dēngshān   ② t + iào = tiàowǔ
③ n + iú = niúnǎi   ④ l + ǎo = lǎoshī

6 g k h ········· p.45

1. ① k (g)   ② (g) h
③ k (h)   ④ k (g)

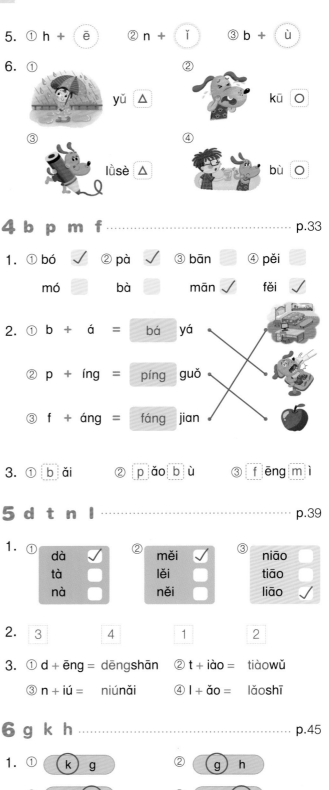

2. ① guì （kuì） huì

② guǎng kuǎng （huǎng）

3.

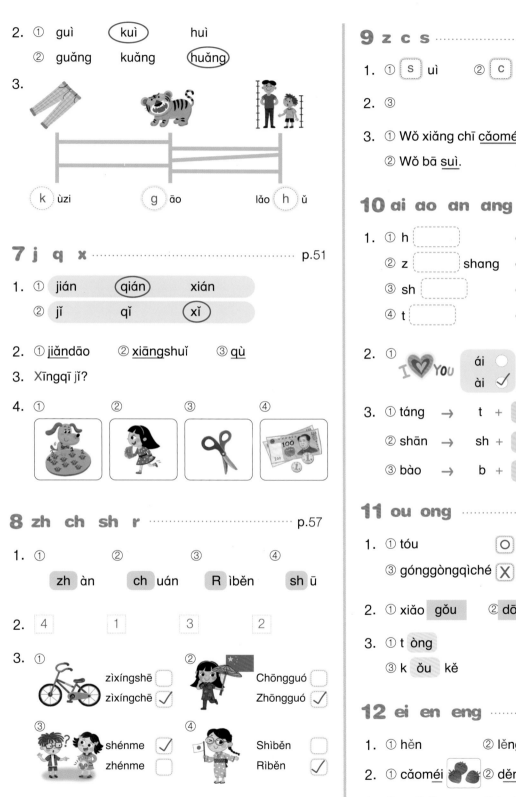

k) ùzi   g) āo   lǎo (h) ǔ

7 j q x p.51

1. ① jián （qián） xián

② jǐ qǐ （xǐ）

2. ① jiǎndāo ② xiāngshuǐ ③ qù

3. Xīngqī jǐ?

4. ① ② ③ ④

8 zh ch sh r p.57

1. ① ② ③ ④

zh) àn   ch) uán   R) ìběn   sh) ū

2. [4]   [1]   [3]   [2]

3. ①
zìxíngshē [ ]
zìxíngchē [✓]

② Chōngguó [ ]
Zhōngguó [✓]

③ shénme [✓]
zhénme [ ]

④ Shìběn [ ]
Rìběn [✓]

9 z c s p.63

1. ① [s] uì ② [c] ídiǎn ③ [z] ěnmeyàng

2. ③

3. ① Wǒ xiǎng chī <u>cǎoméi</u>.

② Wǒ bā <u>suì</u>.

10 ai ao an ang p.69

1. ① h [ ]
② z [ ] shang
③ sh [ ]
④ t [ ]

ān
ǎi
áng
ǎo

2. ① I ♥ YOU
ái ○
ài ✓

②
kàn ✓
kán ○

3. ① táng → t + áng

② shān → sh + ān

③ bào → b + ào

11 ou ong p.75

1. ① tóu [O] ② dōutiān [X]

③ gónggòngqìché [X] ④ kōngtiáo [O]

2. ① xiǎo gǒu ② dōng tiān ③ shǒu tào

3. ① t òng ② t óu

③ k ǒu kě ④ k ōng tiáo

12 ei en eng p.81

1. ① hěn ② lěng ③ děng

2. ① cǎoméi ② děng ③ hěn

3. ① méiyǒu ② hēisè ③ běnzi

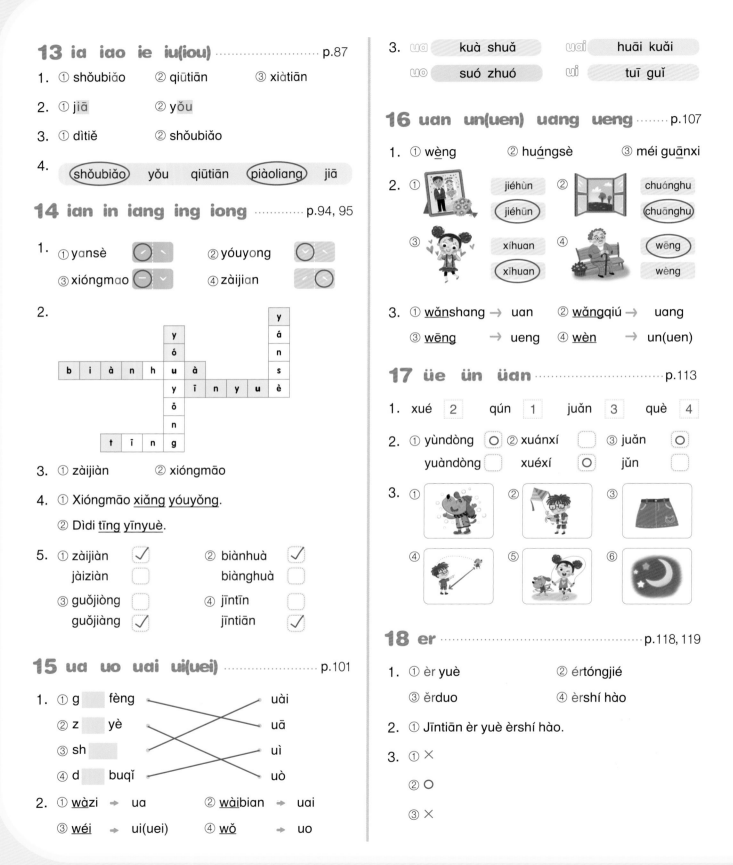

13 ia iao ie iu(iou) ·········· p.87

1. ① shǒubiǎo ② qiūtiān ③ xiàtiān

2. ① jiā ② yǒu

3. ① dìtiě ② shǒubiǎo

4. (shǒubiǎo) yǒu qiūtiān (piàoliang) jiā

14 ian in iang ing iong ·········· p.94, 95

1. ① yánsè ② yóuyong
   ③ xióngmāo ④ zàijian

2.

3. ① zàijiàn ② xióngmāo

4. ① Xióngmāo xiǎng yóuyǒng.
   ② Dìdi tīng yīnyuè.

5. ① zàijiàn ☑ ② biànhuà ☑
   jàiziàn ☐ biànghuà ☐
   ③ guǒjiòng ☐ ④ jīntīn ☐
   guǒjiàng ☑ jīntiān ☑

15 ua uo uai ui(uei) ·········· p.101

1. ① g____fèng — uài
   ② z____yè — uā
   ③ sh____ — uì
   ④ d____buqǐ — uò

2. ① wàzi ➡ ua ② wàibian ➡ uai
   ③ wéi ➡ ui(uei) ④ wǒ ➡ uo

3. ua kuà shuǎ uai huāi kuǎi
   uo suó zhuó ui tuī guǐ

16 uan un(uen) uang ueng ·········· p.107

1. ① wèng ② huángsè ③ méi guānxi

2. ① jiéhùn / (jiéhūn) ② chuánghu / (chuānghu)
   ③ xíhuan / (xíhuan) ④ (wēng) / wèng

3. ① wǎnshang → uan ② wǎngqiú → uang
   ③ wēng → ueng ④ wèn → un(uen)

17 üe ün üan ·········· p.113

1. xué 2 qún 1 juǎn 3 què 4

2. ① yùndòng Ⓞ ② xuánxí ☐ ③ juǎn Ⓞ
   yuàndòng ☐ xuéxí Ⓞ jǔn ☐

3. ① ② ③
   ④ ⑤ ⑥

18 er ·········· p.118, 119

1. ① èr yuè ② értóngjié
   ③ ěrduo ④ èrshí hào

2. ① Jīntiān èr yuè èrshí hào.

3. ① ✕
   ② ◯
   ③ ✕

5.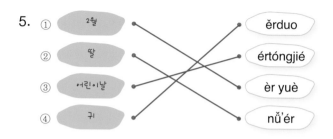

① 2월 —— èr yuè
② 딸 —— nǚ'ér
③ 어린이날 —— értóngjié
④ 귀 —— ěrduo

6. Jīntiān wǔ yuè wǔ hào, értóngjié.

19 3성의 성조변화 p.125

1. ① pǎopào   ② pǎopǎo
   ③ pǎopáo

2. ② xǐliǎn   ④ hěn hǎo

3. ① nǐmen   ② lǐwù
   ③ cǎihóng   ④ qǐchuáng

20 —와 不의 성조변화 p.132

1.  yi ②   bu ①

2. ① bù hē   ② yíyàng   ③ yìzhí   ④ bú rè

3. ① (yìnián) yínián   ② bú chī (bù chī)

종합문제 p.134, 135

1. ①
   | chì | |
   | chī | ✓ |

   ②
   | jiǔ | ✓ |
   | jiú | |

   ③
   | lǎi | |
   | lái | ✓ |

   ④
   | yāo | |
   | yào | ✓ |

2. ③ nǐmen

3. ④ xǐzǎo

4. ③ yìqǐ —— bú rè

5. ① yìbǎi   ② fēijī   ③ bú qù   ④ bàba

6. ① Xièxie!   ② Bú kèqi!   ③ Duìbuqǐ!   ④ Méi guānxi!

7. ① bèi ✓ bǎi   ② wǔ ☐ wǒ ✓
   ③ yǔ ☐ yǒu ✓   ④ yá ✓ yě ☐

8. [3] [2] [1] [4]

9.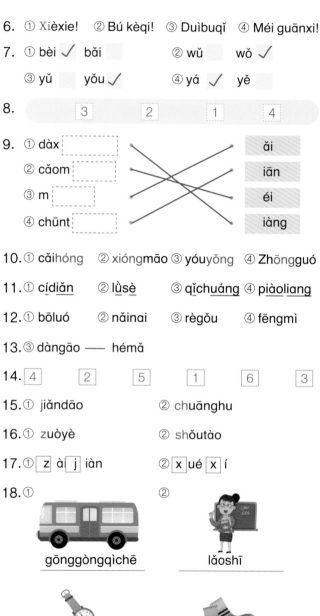
   ① dàx ☐ —— ǎi
   ② cǎom ☐ —— iān
   ③ m ☐ —— éi
   ④ chūnt ☐ —— iàng

10. ① cǎihóng   ② xióngmāo   ③ yóuyǒng   ④ Zhōngguó

11. ① cídiǎn   ② lǜsè   ③ qǐchuáng   ④ piàoliang

12. ① bōluó   ② nǎinai   ③ règǒu   ④ fēngmì

13. ③ dàngāo —— hémǎ

14. [4] [2] [5] [1] [6] [3]

15. ① jiǎndāo   ② chuānghu

16. ① zuòyè   ② shǒutào

17. ① [z] à [j] iàn   ② [x] ué [x] í

18. ①

gōnggòngqìchē

②
lǎoshī

shǒubiǎo

wàzi

19. ① ěrduo
    ② qúnzi

20. ① Wǒ hěn xǐhuan qiūtiān.
    ② Zhè shì shénme?

1 성조 익히기 ·········· p.13

2. ① bà　　　　　② má

2 경성 익히기 ·········· p.19

1. ① māma　　　　② yéye
　 ③ jiějie　　　　　④ bàba

3 a o e i u ü ·········· p.26

1. e u a o ü i
2. ① bōlí　　　　　② lǜsè

4 b p m f ·········· p.33

1. ① bó　　　　　② pà
　 ③ mān　　　　　④ fěi

5 d t n l ·········· p.39

1. ① dà　　　　② měi　　　③ liāo
2. nuó luó duó tuó

6 g k h ·········· p.45

1. ① kùn　　　　　② guì
　 ③ lǎohǔ　　　　④ Hánguó
2. ① kuì　　　　　② huǎng

7 j q x ·········· p.51

1. ① qián　　　　　② xǐ
2. ① jiǎndāo　　② xiāngshuǐ　　③ qù

8 zh ch sh r ·········· p.57

2. chī rī shī zhī
3. ① zìxíngchē　　　② Zhōngguó

③ shénme　　　　④ Rìběn

9 z c s ·········· p.63

1. ① suì　　　② cídiǎn　　③ zěnmeyàng

10 ai ao an ang ·········· p.69

1. ① hǎi　　　　　② zǎoshang
　 ③ shān　　　　　④ táng
2. ① ài　　　　　　② kàn

11 ou ong ·········· p.75

1. ① tóu　　　　　② dōngtiān
　 ③ gōnggòngqìchē　④ kōngtiáo
2. ① xiǎogǒu　　② dōngtiān　　③ shǒutào

12 ei en eng ·········· p.81

1. ① hěn　　　② lěng　　　③ děng
2. ① cǎoméi　　② děng　　　③ hěn

13 ia iao ie iu(iou) ·········· p.87

1. ① shǒubiǎo　② qiūtiān　　③ xiàtiān

14 ian in iang ing iong ·········· p.94

1. ① yánsè　　　　② yóuyǒng
　 ③ xióngmāo　　　④ zàijiàn

15 ua uo uai ui(uei) ·········· p.101

1. ① guāfēng　　　② zuòyè
　 ③ shuài　　　　　④ duìbuqǐ
2. ① wàzi　　　　　② wàibian
　 ③ wéi　　　　　　④ wǒ

16 uan un(uen) uang ueng ········· p.107

1. ① wèng　　　② huángsè　　③ méi guānxi

2. ① jiéhūn　　　　　② chuānghu

　 ③ xǐhuan　　　　　④ wēng

17 üe ün üan ····························· p.113

1. qún xué juǎn què

2. ① yùndòng　　② xuéxí　　　③ juǎn

18 er ································· p.118

1. ① èr yuè　　　　　② értóngjié

　 ③ ěrduo　　　　　　④ èrshí hào

2. Jīntiān èr yuè èrshí hào.

3. ① èrshí hào　② nǚ'ér　　　③ èr yuè

19 3성의 성조변화 ···························· p.125

1. ① pǎopào　　　　② pǎopǎo

　 ③ pǎopáo

2. ① lǎoshī　　　　　② xǐliǎn

　 ③ pǎobù　　　　　④ hěn hǎo

20 一와 不의 성조변화 ···················· p.132

1. yi　　① yìtiān　　② yíyàng　　③ yìqǐ

　 bu　　① bú qù　　② bù lái　　③ bù lěng

2. ① bù hē　　　　　② yíyàng

　 ③ yìzhí　　　　　④ bú rè

3. ① yìnián　　　　　② bù chī

---

1. ① chī　　② jiǔ　　③ lái　　④ yào

2. ① bǐsàbǐng ② huǒchē　③ nǐmen　④ bīngqílín

3. ① lǎoshī　② kǒuqín　③ kělè　④ xǐzǎo

4. ① yíyàng, bù hǎo　　② yí ge, bù chī

　 ③ yìqǐ, bú rè

5. ① yìbǎi　② fēijī　　③ bú qù　④ bàba

6. ① Xièxie!　　　　② Bú kèqi!

　 ③ Duìbuqǐ!　　　④ Méi guānxi!

7. ① bèi　　② wǒ　　③ yǒu　　④ yá

8. wēng wáng ēng áng

9. ① dàxiàng　　　② cǎoméi

　 ③ mǎi　　　　　④ chūntiān

10. ① cǎihóng　　　② xióngmāo

　 ③ yóuyǒng　　　④ Zhōngguó

11. ① cídiǎn　　　　② lǜsè

　 ③ qǐchuáng　　　④ piàoliang

12. ① bōluó　　　　② nǎinai

　 ③ règǒu　　　　④ fēngmì

13. ① měitiān, kùzi　　② tàiyáng, gāngqín

　 ③ dàngāo, hémǎ

14. jī zī sī xī cī qī

15. ① jiǎndāo　　　② chuānghu

16. ① zuòyè　　　　② shǒutào

17. ① zàijiàn　　　② xuéxí

18. ① gōnggòngqìchē　② lǎoshī

　 ③ shǒubiǎo　　　④ wàzi

19. ① ěrduo　　　　② qúnzi

20. Wǒ hěn xǐhuan qiūtiān.

　 Zhè shì shénme?

매 과 새단어와 추가 표현 단어 261개의 단어를 병음 순으로 정리했습니다.

A

| ài | 爱 사랑하다 | 10과 |

B

bā	八 8	1과
bá	拔 뽑다	1과
báyá	拔牙 이를 뽑다	4과
bǎ	把 잡다	1과
bà	爸 아빠	1과
bàba	爸爸 아빠	2과
báisè	白色 흰색	16과
bǎi	百 100	4과
bàngqiú	棒球 야구	14과
bào	报 신문	10과
běibian	北边 북쪽	17과
bèi	背 등	11과
běnzi	本子 노트	12과
bízi	鼻子 코	11과
bǐhé	笔盒 필통	12과
bǐsàbǐng	比萨饼 피자	9과
biànhuà	变化 변화하다	14과
bīngqílín	冰淇淋 아이스크림	9과
bīngxiāng	冰箱 냉장고	17과
bǐnggān	饼干 과자	9과
bōlí	玻璃 유리	3과
bózi	脖子 목	11과
bú qù	不去 안 간다	20과
bú rè	不热 안 덥다	20과
bù	不 아니다	3과
bù chī	不吃 안 먹는다	20과
bù lái	不来 안 온다	20과
bù hǎo	不好 안 좋다	20과
bù hē	不喝 안 마신다	20과
bù máng	不忙 안 바쁘다	20과
bù lěng	不冷 안 춥다	20과

C

cǎihóng	彩虹 무지개	19과
cǎoméi	草莓 딸기	9, 12과
chángjǐnglù	长颈鹿 기린	6과
chūzūchē	出租车 택시	8과
chúshī	厨师 요리사	5과
chuán	船 (타는)배	8과
chuānghu	窗户 창문	16과
chūntiān	春天 봄	16과
cídiǎn	词典 사전	9과

D

dǎsǎo	打扫 청소하다	9과
dàxiàng	大象 코끼리	6과
dàngāo	蛋糕 케익	9과
dēngshān	登山 등산	5과
děng	等 기다리다	12과
dìdi	弟弟 남동생	2과
dìtiě	地铁 지하철	8, 13과
diànfànguō	电饭锅 전기밥솥	17과
diànnǎo	电脑 컴퓨터	17과
diànyǐng	电影 영화	14과
dōu	都 모두	5과
dōngbian	东边 동쪽	15과
dōngtiān	冬天 겨울	11과
dùzi	肚子 배	11과
duìbuqǐ	对不起 미안해	15과

ㄹ

lánqiú	篮球 농구	14과
lánsè	蓝色 파란색	16과
lǎohǔ	老虎 호랑이	6과
lǎoshī	老师 선생님	5, 19과
lèi	累 피곤하다	5과
lěng	冷 춥다	12과
lǐwù	礼物 선물	19과
líng	零 0	1과
liù	六 6	1과
lǜsè	绿色 녹색	3, 16과
lǜshī	律师 변호사	5과
luòtuo	骆驼 낙타	6과

ㅁ

mā	妈 엄마	1과
māma	妈妈 엄마	2과
má	麻 마(식물)	1과
mǎ	马 말	1, 6과
mà	骂 꾸짖다, 욕하다	1, 3과
mǎi	买 사다	4과
màn	慢 느리다	4과
máoyī	毛衣 스웨터	18과
méi guānxi	没关系 괜찮아요	16과
mèimei	妹妹 여동생	2과
méiyǒu	没有 없다	12과
miànbāo	面包 빵	9과
mótuōchē	摩托车 오토바이	8과

ㄴ

nǎinai	奶奶 할머니	2과
nánbian	南边 남쪽	15과
nǐ	你 너	3과
nǐmen	你们 너희들	19과

niǎo	鸟 새	5과
niúnǎi	牛奶 우유	5과
niúzǎikù	牛仔裤 청바지	18과
nǚ´ér	女儿 딸	18과

ㅍ

pà	怕 무서워하다	3과
pàng	胖 뚱뚱하다	10과
pǎobù	跑步 달리다	4, 19과
piàoliang	漂亮 예쁘다	13과
pīngpāngqiú	乒乓球 탁구	14과
píngguǒ	苹果 사과	4과
pò	破 깨지다	3과

ㅊ

qī	七 7	1과
qǐchuáng	起床 일어나다	19과
qìchē	汽车 자동차	8과
qiānbǐ	铅笔 연필	12과
qián	钱 돈	7, 14과
qiánbian	前边 앞쪽	15과
qiūtiān	秋天 가을	13과
qù	去 가다	7과
qúnzi	裙子 치마	17, 18과

ㄹ

rè	热 덥다	8과
règǒu	热狗 핫도그	9과
Rìběn	日本 일본	8과

ㅅ

sān	三 3	1과
sānmíngzhì	三明治 샌드위치	9과
shān	山 산	10과

shàngbian	上边 위쪽	15과	
shīzi	狮子 사자	6과	
shí	十 10	1과	
shénme	什么 무엇	8과	
shǒu	手 손	11과	
shǒubiǎo	手表 손목시계	13과	
shǒujī	手机 휴대폰	17과	
shǒutào	手套 장갑	11과	
shū	书 책	8과	
shuài	帅 멋있다	15과	
sì	四 4	1과	
suì	岁 살(나이)	9과	

T

tā	她 그녀	5과
táiquándào	跆拳道 태권도	14과
táng	糖 사탕	10과
tiānqì	天气 날씨	5과
tiàowǔ	跳舞 춤을 추다	5과
tīng	听 듣다	14과
tòng	痛 아프다	11과
tóu	头 머리	11과
Txùshān	T恤衫 티셔츠	18과

W

wàzi	袜子 양말	15, 18과
wàibian	外边 바깥	15과
wàitào	外套 외투	18과
wǎngqiú	网球 테니스	14과
wéi	喂 여보세요	15과
wēng	翁 노인	16과
wèng	瓮 항아리	16과
wǒ	我 나	15과
wǒmen	我们 우리들	19과

wǔ	五 5	1과

X

xībian	西边 서쪽	15과
xǐhuan	喜欢 좋아하다	16과
xǐliǎn	洗脸 세수하다	19과
xǐyījī	洗衣机 세탁기	17과
xiàbian	下边 아래쪽	15과
xiàtiān	夏天 여름	13과
xiàxuě	下雪 눈이 내리다	17과
xiāngshuǐ	香水 향수	7과
xiǎng	想 ~하고 싶다	14과
xiàngpí	橡皮 지우개	12과
xiǎogǒu	小狗 강아지	11과
xièxie	谢谢 고맙습니다	13과
xīngqī	星期 요일	7과
xīngqī'èr	星期二 화요일	7과
xīngqīliù	星期六 토요일	7과
xīngqīsān	星期三 수요일	7과
xīngqīsì	星期四 목요일	7과
xīngqītiān	星期天 일요일	7과
xīngqīwǔ	星期五 금요일	7과
xīngqīyī	星期一 월요일	7과
xióng	熊 곰	6과
xióngmāo	熊猫 판다	14과
xuéshēng	学生 학생	5과
xuéxí	学习 공부하다	17과

Y

yánsè	颜色 색깔	14과
yǎnjing	眼睛 눈	11과
yéye	爷爷 할아버지	2과
yī	一 1, 하나	1과
yīfu	衣服 옷	3과

부록

Z

Memo

Memo

2과 p.19

3과 p.26

7과 p.51

12과 p.81

8과 p.57   **11과** p.75

ch	óu
R	ǒu
zh	ōng
sh	òng

 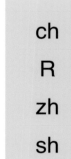 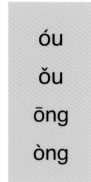

17과 p.113

pà

pò

hē

nǐ

2성 ❶-2	**1**성 ❶-1
4성 ❶-4	**3**성 ❶-3
o ❸-2	a ❸-1
i ❸-4	e ❸-3

kū

yǔ

bǎi

pǎobù

mǎi

fángjiān

dōu

tiānqì

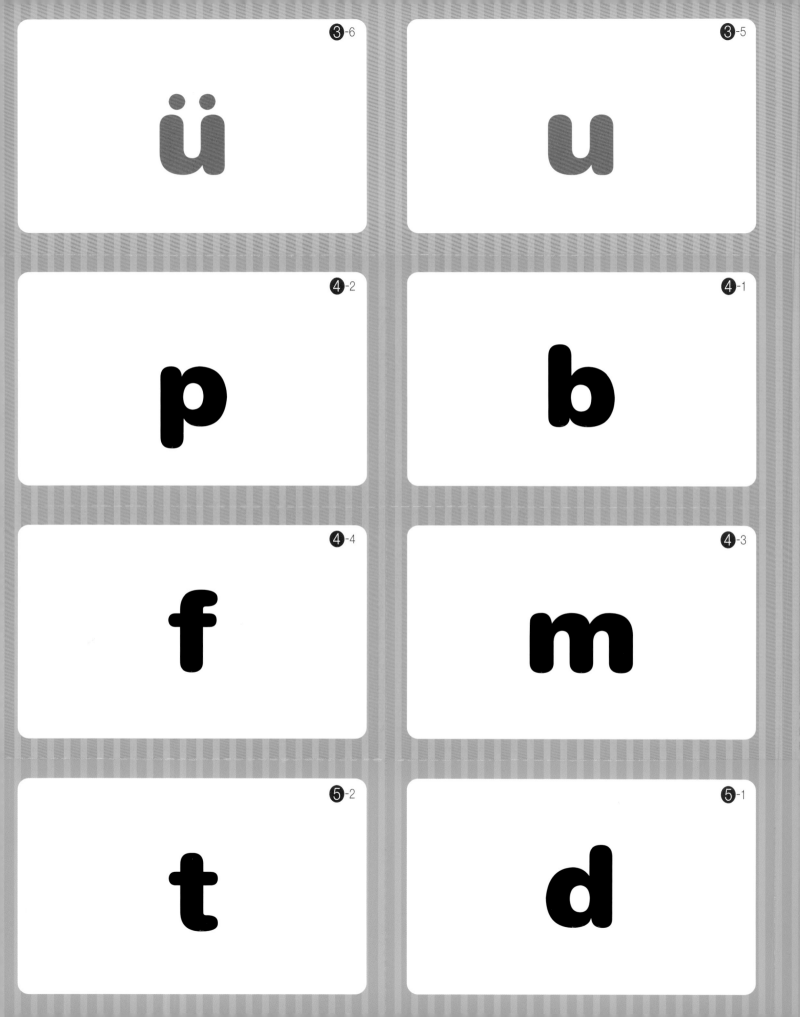

ü ❸-6

u ❸-5

p ❹-2

b ❹-1

f ❹-4

m ❹-3

t ❺-2

d ❺-1

niǎo

lǎoshī

gāo

kùzi

lǎohǔ

jiǎndāo

qián

xīngqī

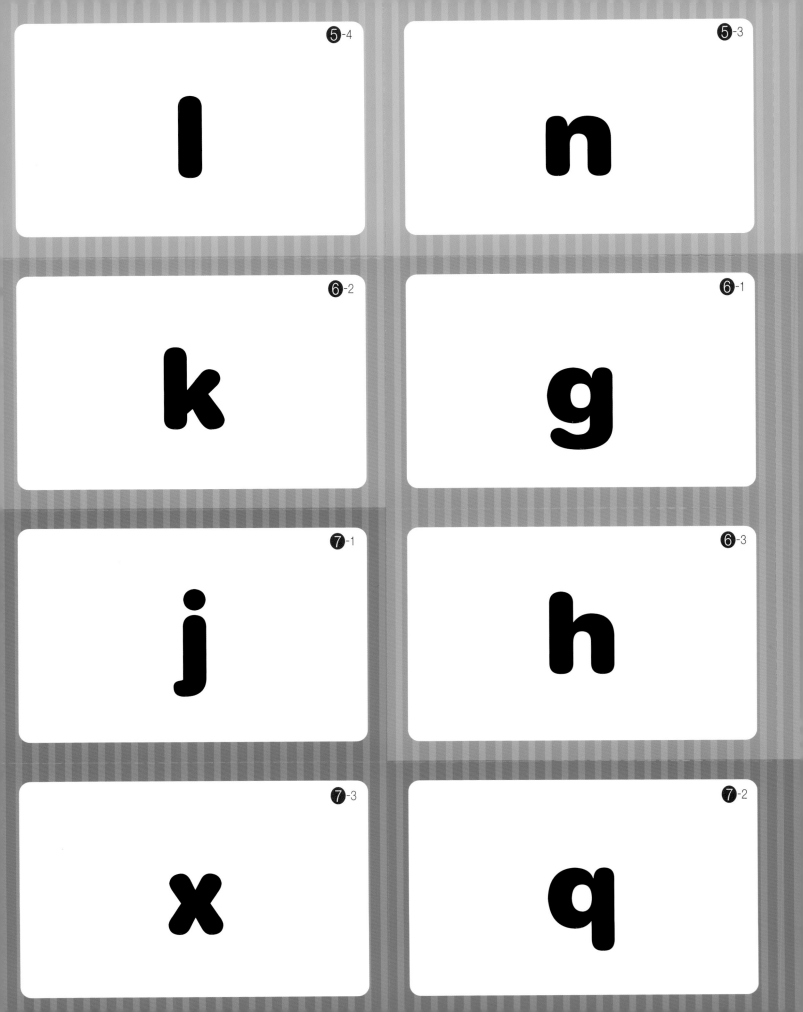

zhàn

chuán

shénme

Rìběn

zěnmeyàng

cǎoméi

suì

ài

ch 8-2

zh 8-1

r 8-4

sh 8-3

c 9-2

z 9-1

ai 10-1

s 9-3

bào

kàn

táng

kǒukě

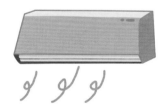

kōngtiáo

méiyǒu

hěn

lěng

an **⑩-3**	ao **⑩-2**
ou **⑪-1**	ang **⑩-4**
ei **⑫-1**	ong **⑪-2**
eng **⑫-3**	en **⑫-2**

xiàtiān

shǒubiǎo

xièxie

qiūtiān

zàijiàn

jīntiān

xiǎng

tīng

⑬-2 iao

⑬-1 ia

⑬-4 iu

⑬-3 ie

⑭-2 in

⑭-1 ian

⑭-4 ing

⑭-3 iang

xióngmāo

guāfēng

zuòyè

shuài

duìbuqǐ

chūntiān

xǐhuan

huángsè

⑮-1 **ua**	⑭-5 **iong**
⑮-3 **uai**	⑮-2 **uo**
⑯-1 **uan**	⑮-4 **ui**
⑯-3 **uang**	⑯-2 **un**

wēng

xiàxuě

qúnzi

juǎn

èr yuè

üe

ueng

üan

ün

er

新 니하오
어린이 중국어 1

이창재 · 김지연 · 장기(张琦) 지음

JPLUS
Language Publishing Co.

新 니하오 어린이 중국어 ①
눈으로 보고 귀로 듣고 입으로 따라하는

 눈으로 보고!

주인공 난난과 베이베이 그리고 그의 친구들이 함께 엮어가는 이야기를 따라가면서 자연스럽게 중국어를 느끼고, 밝고 귀여운 삽화를 보면서 마치 한 편의 동화책을 읽는 듯한 느낌을 주도록 하였습니다.

 귀로 듣고!

중국어를 빠르게 익힐 수 있는 방법 중의 하나가 바로 자주 듣는 것입니다. 재미있게 구성된 MP3 음원을 들으면서 중국어에 익숙해지도록 하였습니다.

 입으로 따라한다!

쉽고 간단한 표현들을 반복적으로 따라하면서 주요 문장을 익히고, 각 과마다 꾸준히 발음을 연습하도록 하였습니다. 또 중간중간 노래를 따라 부르면서 즐겁게 중국어를 배울 수 있게 하였습니다.

공부라는 것은 우선 흥미를 가지는 것이 가장 중요하다고 생각합니다. 이 책을 통해서 아이들이 중국어를 어렵게 생각하지 않고 흥미를 가지도록, 하나의 신나는 말 배우기 놀이로 느끼고 중국어를 친근하게 받아들일 수 있기를 바랍니다.

마지막으로 항상 든든한 버팀목이 되어 주시는 부모님과 자오차이나 중국어 학원의 장석민 선생님께 감사를 드립니다. 그리고 이 책을 집필할 수 있는 기회와 용기를 주신 '차이나박스' 박정미, 박미경 선배와 이 책이 나오기까지 많은 도움을 주신 '제이플러스'의 이기선 실장님과 편집부 식구들에게 진심으로 감사의 마음을 전합니다.

저자 씀

모두 들어 있어요~

 워크북

본 책에서 배운 내용들을 복습하고 실력을 다져요.

 MP3 바로듣기

정확한 네이티브 발음, 신나는 노래와 해설로 재미있게 공부해요.

 단어카드

본문의 새단어와 중요 단어를 카드로 만들어 간편하게 들고 다니며 익혀요.

 스티커 붙이기

스티커를 붙이며 입체적으로 학습해요.

 종합평가판

전체 배운 내용을 확인해 볼 수 있어요.

 동영상 플래시CD

통통 튀는 동영상 플래시CD로 보고, 듣고, 신나게 배워요.
(동영상 플래시CD 포함 교재 별매)

이 책의 구성

본문 회화

핵심이 되는 네 문장을 통해 이야기의 문을 열면서 흥미를
돋우도록 하였습니다. 새로 나온 단어를 정리하였으며,
생동감 있는 삽화로 어떤 상황에서 이루어지는 대화인지
알 수 있도록 도왔습니다.

✳ 한글 해석은 부록에 있어요.

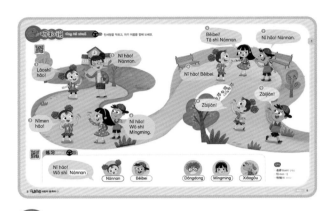

听和说 tīng hé shuō

한 걸음 더! 앞에서 배운 기본표현을 반복해서 연습하고,
확장해 보도록 하였습니다.

跟我念 gēn wǒ niàn

귀는 쫑긋! 입은 크게! 낯설고 어려운 중국어 발음과
성조를 차근차근 중국인 선생님의 목소리를 들으면서
정확하게 익히도록 하였습니다.

 一起玩儿吧 yìqǐ wánr ba

신나게 놀아요! 매 과마다 다양하고 재미있는 게임을
하면서 중국어에 더 가까이 다가갈 수 있도록 하였습니다.

做一做 zuò yi zuò

이제 자신 있어요! 배운 내용을 다시 한번 짚어 보면서
좀더 중국어에 자신감을 가지도록 하였습니다.

 唱一唱 chàng yi chàng

노래와 챈트를 중국어로 신나게 따라 불러요!

✳ 중국어 가사는 부록에 있어요.

차례

부록1   해석, 노래 가사, 연습문제 정답, 듣기 문제 스크립트
단어찾기(색인)

 부록2   만들기 자료, 스티커, 단어카드, 종합평가판

Unit 1 你好！

 你好！我是南南。
Nǐ hǎo!　　Wǒ shì Nánnan.

你好！我是北北。
Nǐ hǎo!　　Wǒ shì Běibei.

再见！
Zàijiàn!

再见！
Zàijiàn!

단어

你 nǐ 너
我 wǒ 나
是 shì 이다
你好 nǐ hǎo 안녕 (만났을 때 인사말)
再见 zàijiàn 잘 가 (헤어질 때 인사말)

① Lǎoshī hǎo!

② Nǐ hǎo! Nánnan.

③ Nǐmen hǎo!

④ Nǐ hǎo! Wǒ shì Míngming.

练习 liànxí 03

Nǐ hǎo! Wǒ shì Nánnan.

 Nánnan

 Běibei

Dōngdong

Míngming

Xiǎogǒu

단어
- 老师 lǎoshī 선생님
- 们 men ~들
- 他/她 tā 그/그녀

 중국어의 1성은 도레미파 '솔'에 해당하는 음으로 발음합니다.

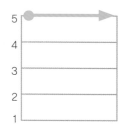

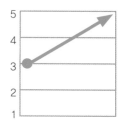 중국어의 2성은 '미'음에서 '솔' 음으로 올리며 발음합니다.

 중국어의 3성은 '레'에서 '도' 다시 '파'음으로 내려갔다 올리며 발음합니다.

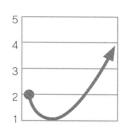

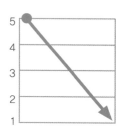 중국어의 4성은 '솔'음에서 '도'음으로 떨어지듯이 발음합니다.

1성

一 yī

1

2성

十 shí

10

3성

五 wǔ

5

4성

四 sì

4

一起玩儿吧 yìqǐ wánr ba　　이름 찾기 게임

Nǐ hǎo!
Wǒ shì ＿＿＿＿＿＿＿＿.

※ 한 사람씩 선을 따라 가서 자기 이름을 찾아 주세요. 부록에서 이름 스티커를 찾아 붙이고,
이름과 얼굴이 맞으면 "Nǐ hǎo! Wǒ shì ~."라고 말해 봐요.

做一做 zuò yi zuò　연습문제

① 들려주는 내용과 일치하는 그림을 찾아 순서대로 번호를 쓰세요. 🎧 05

② 잘 듣고 알맞은 글자를 골라 스티커를 붙이세요. ✋ 🎧 06

❶ 4 　　❷ 1o　　❸ 5 　　❹ 1

③ 다음 그림을 보고 말풍선에 들어갈 인사말로 적당한 것을 고르세요.

❶

_____

Nǐ hǎo!

Nǐ hǎo!
Zàijiàn!

❷

_____

Zàijiàn!

唱一唱 chàng yi chàng 노래 불러요!

你好！ 안녕!

nǐ hǎo nǐ hǎo wǒ shì Nán - nan

nǐ hǎo nǐ hǎo Nán nan zài - jiàn

nǐ hǎo nǐ hǎo wǒ shì Běi - bei

nǐ hǎo nǐ hǎo Běi bei zài - jiàn

안녕 안녕 나는 난난이야

안녕 안녕 난난 잘 가

안녕 안녕 나는 베이베이야

안녕 안녕 베이베이 잘 가

※ 자기 이름으로 바꾸어 노래 불러 보세요~

Unit 2 谢谢!

 谢谢!
Xièxie!

 不客气!
Bú kèqi!

对 不 起 ！
Duìbuqǐ!

没 关 系 ！
Méi guānxi!

단어

谢谢 xièxie 고맙습니다
不客气 bú kèqi 천만에요 (감사 인사에 대한 대답)
对不起 duìbuqǐ 미안합니다
没关系 méi guānxi 괜찮습니다 (사과 인사에 대한 대답)

1 Xièxie!

2 Bú kèqi!

3 Duìbuqǐ!

4 Méi guānxi!

5 Xièxie!

6 Bú kèqi!

단어

· 祝 zhù 축하하다
· 生日 shēngrì 생일
· 快乐 kuàilè 즐겁다

 gēn wǒ niàn 10 어떻게 발음할까요? 잘 듣고 따라해 보세요.

1성 + 경성

1성의 '솔'음을 길게 내고 '레'음으로 떨어뜨려 가볍게 마무리해요.

māma

妈妈

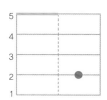

엄마

2성 + 경성

2성의 '미'에서 '솔'음으로 올라갔다가 다시 '미'음으로 떨어져 마무리해요.

yéye

爷爷

할아버지

3성 + 경성

3성의 '레' '도' '파'음으로 낮아졌다가 올라간 음(파)에서 마무리해요.

nǎinai

奶奶

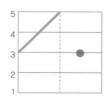

할머니

4성 + 경성

4성의 '솔'에서 '도'음으로 떨어뜨려 '도'음에서 마무리해요.

dìdi

弟弟

남동생

 一起玩儿吧 yìqǐ wánr ba **만리장성 빨리 도착하기**

Xièxie!
Duìbuqǐ!

출발~!

한 칸 뒤로 →

두 칸 뒤로 →

세 칸 뒤로

✽ 두 사람이 팀이 되어 말과 동전을 준비하세요. 동전의 앞면이 나오면 2칸, 뒷면이 나오면 1칸 앞으로 전진합니다. 이동한 후 얼굴 그림의 지시대로 Xièxie! 또는 Duìbuqǐ! 라고 말하면 다른 친구가 'Bú kèqi!' 또는 'Méi guānxi!'로 대답합니다. 둘 중 한 명이라도 틀리게 말했을 경우 기회는 상대편에게 돌아가며, 먼저 도착하는 팀이 이기는 게임입니다.

① 들려주는 내용과 일치하는 그림을 찾아 순서대로 번호를 쓰세요.

② 잘 듣고 알맞은 성조에 ○하세요.

❶

| yéye | yěye |

❷

| màma | māma |

❸

| dídi | dìdi |

③ 다음 그림을 보고 빈칸에 들어갈 인사말을 골라 스티커를 붙이세요. 👏

❶

Méi guānxi!

❷

Xièxie!

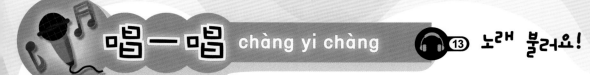

祝你生日快乐！ 생일축하해!

zhù nǐ shēng rì kuài lè

zhù nǐ shēng rì kuài lè

zhù nǐ xìng fú zhù nǐ jiàn kāng

zhù nǐ shēng rì kuài lè

생일 축하해
생일 축하해
행복과 건강을 빌어
생일 축하해

谢谢！ 21

你叫什么名字?

 你叫什么名字?
Nǐ jiào shénme míngzi?

 我叫南南，你呢?
Wǒ jiào Nánnan, nǐ ne?

3

 我 叫 北北。
Wǒ jiào Běibei.

 你 好 ！ 北北。
Nǐ hǎo! Běibei.

 단어

叫 jiào ~라고 부르다
什么 shénme 무엇
名字 míngzi 이름
呢 ne 의문을 나타내는 어기조사

1 Nǐ jiào shénme míngzi?

2 Wǒ jiào Míngming.

 跟我念 gēn wǒ niàn

 16 어떻게 발음할까요? 잘 듣고 따라해 보세요.

a
입을 크게 벌리고 '아' 하고 발음합니다.

bàba

爸爸

아빠

o
입을 동그랗게 말아 '오' 하고 발음합니다.

ò

哦

아!

e
입을 옆으로 벌리고 '으어' 하고 발음합니다.

è

饿

배고프다

i
입을 옆으로 길게 벌리고 '이' 하고 발음합니다.

yī

一

숫자 1

u
입을 앞으로 내밀어 동그랗게 말아 '우' 하고 발음합니다.

hú

湖

호수

ü
'이'를 발음하면서 '우' 입모양을 합니다.

yǔ

雨

비

 一起玩儿吧 yìqǐ wánr ba **이름표 만들기**

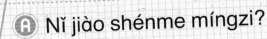

Ⓐ Nǐ jiào shénme míngzi?

Ⓑ Wǒ jiào Nánnan.

南南

※ 부록의 카드에 자기 얼굴을 그리고, 이름을 써서 나만의 명찰을 만들어 보세요. (이름은 병음으로 써도 좋아요.)

① 명찰을 만들고, 서로의 이름을 묻고 답해 보세요.

Ⓐ Nǐ jiào shénme míngzi?

Ⓑ Wǒ jiào _____.

② 선생님이 한 친구를 가리키며 이름을 물으면, 다른 친구 가 명찰을 보고 친구의 이름이 무엇인지 대답해 보세요.

Ⓐ Tā jiào shénme míngzi?

Ⓑ Tā jiào _____.

做一做 zuò yi zuò　연습문제

1 들려주는 내용과 일치하는 그림을 찾아 연결하세요 🎧 ⑰

❶ •　　　❷ •　　　❸ •　　　❹ •

•　　　•　　　•　　　•

| Nánnan | Míngming | Běibei | Dōngdong |

2 잘 듣고 알맞은 성조에 ○하세요. 🎧 ⑱

❶　　　❷　　　❸　　　❹

ú　ǔ　　　è　ē　　　yī　yǐ　　　à　ā

3 친구와 함께 이름을 묻고 대답해 보세요.

Nǐ jiào shénme míngzi?

Wǒ jiào _____.

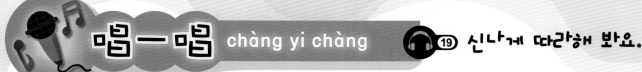 
你叫什么名字?

이름이 뭐야?

Nǐ  jiào shénme míngzi?

Nǐ jiào shénme míngzi?

Wǒ jiào Nánnan. Wǒ jiào Nánnan.

Nǐ jiào shénme míngzi?

Nǐ jiào shénme míngzi?

Wǒ jiào Běibei. Wǒ jiào Běibei.

✴ 친구와 함께 이름을 바꾸어 노래 불러 보세요~

이름이 뭐야? 이름이 뭐야?
나는 난난이야. 난난이라고 해.
이름이 뭐야? 이름이 뭐야?
난 베이베이야. 베이베이라고 해.

Unit 4 你是韩国人吗？

 你是韩国人吗？
Nǐ shì Hánguórén ma?

 是的，你呢？
Shì de, nǐ ne?

我 不 是 韩 国 人， 我 是 中 国 人。
Wǒ bú shì Hánguórén, wǒ shì Zhōngguórén.

他 也 是 中 国 人。
Tā yě shì Zhōngguórén.

4

단어

吗 ma 의문을 나타내는 어기조사
是的 shì de 응, 그렇다
不是 bú shì 아니다
韩国人 Hánguórén 한국인
中国人 Zhōngguórén 중국인
也 yě ~도

1 Wǒ shì Hánguórén, nǐ ne?

2 Wǒ shì Měiguórén.

3 Nǐ shì Měiguórén ma?

4 Wǒ bú shì Měiguórén, wǒ shì Zhōngguórén.

6 Wǒ shì Hánguórén.

5 Wǒmen shì Zhōngguórén.

7 Nǐ yě shì Zhōngguórén ma?

8 Bú shì, wǒ shì Rìběnrén.

Nǐ shì nǎ guó rén?

단어

· 哪国人 nǎ guó rén 어느 나라 사람

영국
英国人
Yīngguórén

이탈리아
意大利人
Yìdàlìrén

태국
泰国人
Tàiguórén

베트남
越南人
Yuènánrén

캐나다
加拿大人
Jiānádàrén

브라질
巴西人
Bāxīrén

ai 입을 크게 벌려 '아이' 하고 발음합니다.

zàijiàn

再见

잘 가

ao 입을 크게 벌려 '아오' 하고 발음합니다.

māo

猫

고양이

an 입을 크게 벌렸다가 닫으며 '안' 하고 발음합니다.

dàngāo

蛋糕

케이크

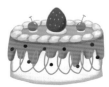

ang 입을 크게 벌렸다가 닫으며 '앙' 하고 발음합니다.

tǎng

躺

눕다

你是哪国人?

Hánguórén

Zhōngguórén

Měiguórén

Rìběnrén

✳ 부록의 옷을 잘라 예쁘게 색칠해서 입혀주고 나라 이름을 넣어 'Wǒ shì ~ rén.'이라고 말해 보세요.

做一做 zuò yi zuò **연습문제**

① 들려주는 내용과 일치하는 그림을 찾아 순서대로 번호를 쓰세요.

② 잘 듣고 빈칸에 들어갈 알맞은 글자를 골라 스티커를 붙이세요.

❶
m

❷
t

❸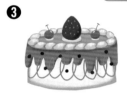
d   gāo

③ 알맞은 것끼리 연결하세요.

❶ Zhōngguórén　•

❷ Měiguórén　•

❸ Hánguórén　•

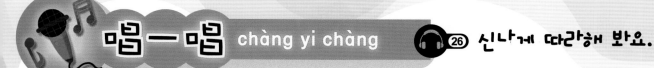

你是哪国人?

어느 나라 사람이야?

Nǎ nǎ nǎ guó rén? Nǐ shì nǎ guó rén?

Hánguó Hánguó Hánguórén. Wǒ shì Hánguórén.

Nǎ nǎ nǎ guó rén? Tā shì nǎ guó rén?

Zhōngguó Zhōngguó Zhōngguórén. Tā shì Zhōngguórén.

어디 어디 어느 나라 사람? 어느 나라 사람이야?

한국 한국 한국인. 나는 한국 사람이야.

어디 어디 어느 나라 사람? 그는 어느 나라 사람이야?

중국 중국 중국인. 그는 중국 사람이야.

✳ 나라 이름을 바꾸어 가며 신나게 불러 보세요~

我喜欢红色，你呢？
Wǒ xǐhuan hóngsè, nǐ ne?

我不喜欢红色。
Wǒ bù xǐhuan hóngsè.

 那你喜欢蓝色吗？
Nà nǐ xǐhuan lánsè ma?

 是的， 我喜欢蓝色。
Shì de, wǒ xǐhuan lánsè.

5

단어

喜欢 xǐhuan 좋아하다
红色 hóngsè 빨간색
那 nà 그러면
蓝色 lánsè 파란색

听和说 tīng hé shuō 🎧28 색깔을 익히고 다음 대화를 연습하세요.

báisè

tiānlánsè fěnhóngsè

lùsè júhuángsè

huángsè

zǐsè hóngsè

lánsè hēisè

1 Nǐ xǐhuan fěnhóngsè ma?

2 Wǒ bù xǐhuan fěnhóngsè.

3 Nǐ xǐhuan huángsè ma?

4 Wǒ bù xǐhuan huángsè.

练习 liànxí 🎧29

zǐsè   huángsè   lùsè

5 Nǐ xǐhuan hóngsè ma?

6 Wǒ bù xǐhuan hóngsè.

7 Nǐ xǐhuan hēisè ma?

8 Shì de, wǒ xǐhuan hēisè.

Wǒ xǐhuan _____.

Nǐmen xǐhuan shénme yánsè?

ou

우리말의 '어우'처럼 발음합니다.

hóu
猴

원숭이

tóufa
头发

머리카락

ong

우리말의 '옹'처럼 발음합니다.

lóng
龙

용

kǒngquè
孔雀

공작

yánsè 색

黄色 huángsè

红色 hóngsè

绿色 lǜsè

紫色 zǐsè

黑色 hēisè

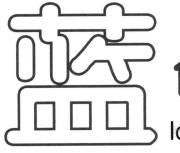

蓝色 lánsè

※ 한자에 해당하는 색으로 칠해 보세요.

做一做 zuò yi zuò　연습문제

1 잘 듣고 들은 내용과 그림이 일치하면 ○표, 그렇지 않으면 ✕표를 하세요. 🎧31

❶

❷

❸

2 잘 듣고 해당하는 발음에 ○하세요. 🎧32

❶ | ang | ---- | ong | ---- | eng | ---- | ing |

❷ | ou | ---- | ao | ---- | uo | ---- | ei |

3 자신이 좋아하는 색과 좋아하지 않는 색을 써 넣어 문장을 완성해 보세요.

 Wǒ xǐhuan 　　　　 .

 Wǒ bù xǐhuan 　　　　 .

猜猜猜 맞혀봐

Cāi cāi cāi, cāi cāi cāi,

hóngsè de zuǐchún,

báisè de yáchǐ,

hēisè de bízi,

huángsè de tóufa.

Zhè shì shéi ya? Zhè shì shéi ya?

맞혀봐,
빨간 입술,
하얀 치아,
검은 코,
노란 털.
이게 누구지? 이게 누구지?

Unit 6 你几岁?

你几岁?
Nǐ jǐ suì?

我七岁，你呢?
Wǒ qī suì, nǐ ne?

 34

 我八岁，他呢？
Wǒ bā suì, tā ne?

 他六岁。
Tā liù suì.

6

단어

几 jǐ 몇
岁 suì 살, 세(나이)

听和说 tīng hé shuō

🎧 ㉟ 기본 숫자를 익히고 대화를 연습해 보세요.

숫자 1~10

一 yī

二 èr

三 sān

四 sì

五 wǔ

六 liù

七 qī

八 bā

九 jiǔ

十 shí

 gēn wǒ niàn

 어떻게 발음할까요? 잘 듣고 따라해 보세요.

 ei 우리말의 [에이]처럼 발음합니다.

 **bēizi** 杯子

컵

 **fēijī** 飞机

비행기

en 우리말의 [언]처럼 발음합니다.

 **běnzi** 本子

노트

 **mén** 门

문

eng 우리말의 [엉]처럼 발음합니다.

 **fēng** 风

바람

 **mèng** 梦

꿈

 一起玩儿吧 yìqǐ wánr ba **나이 말하기**

Ⓐ Nǐ jǐ suì?
Ⓑ Wǒ bā suì.

 suì   [   ] suì

※ 숫자판 중앙에 연필을 세워 놓고 손을 놓아 가리키는 숫자만큼 케이크에 초를 그려 넣고, 빈칸에 숫자를 병음으로 씁니다. 그런 다음, "Wǒ ~ suì." 하고 말하세요. 단, 두 살은 'èr suì'가 아니라 'liǎng suì'라고 합니다.

你几岁? 51

做一做 zuò yi zuò **연습문제**

① 들려주는 내용과 일치하는 그림을 찾아 순서대로 번호를 쓰세요. 🎧 37

② 잘 듣고 빈칸에 들어갈 글자를 써 넣으세요. 🎧 38

❶

b_____zi

❷

b_____zi

❸

f_____

③ 케이크에 있는 초의 숫자를 나타내는 단어를 찾아 쓰고 문장을 말해 보세요.

❶ Wǒ _____suì.

❷ Wǒ  _____suì.

❸ Wǒ  _____suì.

wǔ
liù
qī
bā
jiǔ
shí

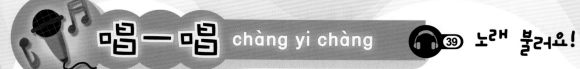 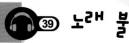

한 꼬마 두 꼬마 세 꼬마 인디언
네 꼬마 다섯 꼬마 여섯 꼬마 인디언
일곱 꼬마 여덟 꼬마 아홉 꼬마 인디언
열 꼬마 인디언 보이

你属什么?
Nǐ shǔ shénme?

我属牛。
Wǒ shǔ niú.

你属什么？
Nǐ shǔ shénme?

我属虎。
Wǒ shǔ hǔ.

단어

属shǔ ~띠이다
牛niú 소
虎hǔ 호랑이

shǔ 띠

쥐

鼠 shǔ

소

牛 niú

호랑이

虎 hǔ

토끼

兔 tù

용

龙 lóng

뱀

蛇 shé

말

马 mǎ

양

羊 yáng

원숭이

猴 hóu

닭

鸡 jī

개

狗 gǒu

돼지

猪 zhū

跟我念 gēn wǒ niàn 🎧 42 어떻게 발음할까요? 잘 듣고 따라해 보세요.

ia
우리말의 [이아]처럼 발음합니다.

jiā
家

집

iao
우리말의 [이아오]처럼 발음합니다.

piàoliang
漂亮

예쁘다

ie
우리말의 [이에]처럼 발음합니다.

jiějie
姐姐

언니, 누나

iu
(iou)
우리말의 [이우]처럼 발음합니다.

niú
牛

소

一起玩儿吧 yìqǐ wánr ba

무슨 띠일까요?

Nǐ shǔ shénme?

1 2 3 4 5

7

① Wǒ shǔ _____ .　④ Wǒ shǔ _____ .

② Wǒ shǔ _____ .　⑤ Wǒ shǔ _____ .

③ Wǒ shǔ _____ .　hǔ　tù　niú　lóng　gǒu

※ 사다리 줄을 따라가서 해당 번호에 맞는 동물의 이름을 쓰고 "Nǐ shǔ shénme?", "Wǒ shǔ _____."
라고 묻고 답해 보세요.

做一做 zuò yi zuò 　연습문제

1 들려주는 내용을 잘 듣고 내용과 일치하는 것을 골라 연결하세요. 🎧

❶　　　　　❷　　　　　❸

2 잘 듣고 병음이 들어 있는 단어의 그림을 찾아 ◯하세요. 🎧

❶ iao 　

❷ iu 　

3 그림을 보고 다음 단어에 해당하는 동물을 찾아 ◯하세요.

tù
yáng
mǎ
hóu
jī
shé
zhū

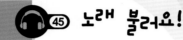

两只老虎

두 마리 호랑이

liǎng zhī lǎo hǔ liǎng zhī lǎo hǔ pǎo de kuài

pǎo de kuài yì zhī méi yǒu yǎn jing yì zhī méi yǒu wěi ba

zhēn qí guài zhēn qí guài

두 마리 호랑이 두 마리 호랑이 빨리도 달리네

빨리도 달리네 한 마리는 눈이 없고 한 마리는 꼬리가 없어

정말 이상해 정말 이상해

Unit 8 他是谁?

 他是谁?
Tā shì shéi?

 他是我爸爸。
Tā shì wǒ bàba.

단어

谁 shéi 누구

她们是谁？
Tāmen shì shéi?

她是我妈妈，她是我姐姐。
Tā shì wǒ māma,   tā shì wǒ jiějie.

8

가족호칭

爷爷 yéye	할아버지	奶奶 nǎinai	할머니
爸爸 bàba	아빠	妈妈 māma	엄마
哥哥 gēge	오빠, 형	姐姐 jiějie	언니, 누나
弟弟 dìdi	남동생	妹妹 mèimei	여동생

dìdi

yéye　nǎinai

1 Tā shì shéi?

2 Tā shì wǒ _____.

mèimei

jiějie

māma

gēge

bàba

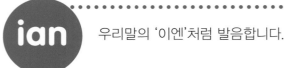 gēn wǒ niàn

 48 어떻게 발음할까요? 잘 듣고 따라해 보세요.

ian

우리말의 '이엔'처럼 발음합니다.

diànnǎo
电脑

컴퓨터

in

우리말의 '인'처럼 발음합니다.

jīn
金

금

iang

우리말의 '이앙'처럼 발음합니다.

qiáng
强

강하다

ing

우리말의 '잉'처럼 발음합니다.

píng
瓶

병

iong

우리말의 '이옹'처럼 발음합니다.

dàxióng
大熊

곰

一起玩儿吧 yìqǐ wánr ba

누구일까요?

Ⓐ Tā shì shéi?
Ⓑ Tā shì wǒ _____.

※ 액자에 붙어 있는 글자를 보고 알맞은 스티커를 찾아 액자를 완성해 보세요.
액자가 완성되면 친구와 "Tā shì shéi?", "Tā shì _____."와 같이 묻고 답하세요.

1 들려주는 내용과 일치하는 그림을 찾아 순서대로 번호를 쓰세요. 🎧 49

2 잘 듣고 빈칸에 들어갈 알맞은 글자를 골라 스티커를 붙이세요.

❶

q _____

❷

d _____ nǎo

❸

dàx _____

3 그림에 해당하는 병음을 찾아 연결하고, 단어를 읽으면서 따라 쓰세요.

• • • •

• • • •

māma　　yéye　　bàba　　mèimei

_____　_____　_____　_____

_____　_____　_____　_____

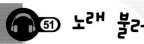

唱一唱 chàng yi chàng 노래 불러요!

三只熊

곰 세마리

yí ge - jiā li yǒu sān - zhī xióng

xióng bà ba xióng mā ma xióng bǎo bǎo

xióng - bà ba pàng dūn dūn

xióng - mā ma hǎo miáo tiáo

xióng - bǎo bǎo fēi cháng kě - ài

Tā men sān ge hǎo xìng fú

곰 세 마리가 한 집에 있어

아빠 곰 엄마 곰 애기 곰

아빠 곰은 뚱뚱해

엄마 곰은 날씬해

애기 곰은 너무 귀여워

정말 정말 행복해

你家有几口人?

你家有几口人?
Nǐ jiā yǒu jǐ kǒu rén?

我家有五口人。
Wǒ jiā yǒu wǔ kǒu rén.

你有哥哥吗?
Nǐ yǒu gēge ma?

没有，我有姐姐。
Méiyou, wǒ yǒu jiějie.

단어

口 kǒu ~명 (가족을 세는 말)
有 yǒu 있다
没有 méiyǒu 없다

🎧 53 자기 가족을 소개해 보세요.

1 Nǐ jiā yǒu jǐ kǒu rén?

2 Wǒ jiā yǒu sān kǒu rén.

3 Wǒ jiā yǒu liù kǒu rén.
Wǒ méiyǒu gēge.

ua

우리말의 '우아'처럼 발음합니다.

h**uā** 花

꽃

uo

우리말의 '우오'처럼 발음합니다.

r**uò** 弱

약하다

uai

우리말의 '우아이'처럼 발음합니다.

k**uài** 快

빠르다

ui

우리말의 '우에이'처럼 발음합니다.

sh**uì**jiào
睡觉

잠자다

一起玩儿吧 yìqǐ wánr ba   가족나무 꾸미기

Nǐ jiā yǒu jǐ kǒu rén?

* 자신의 가족 얼굴을 사과 안에 그리고 가족 소개를 해보세요. 사과 열매가 부족하면 추가로 그려 넣거나 색종이를 잘라서 그려 보세요. (사과가 남으면 사과는 예쁘게 칠해 주세요~)

* 그림을 다 그리고 나면 가족 소개를 해보세요.
"Wǒ jiā yǒu ——— kǒu rén.", "Wǒ jiā yǒu ——— , ——— hé wǒ."

做一做 zuò yi zuò **연습문제**

① 잘 듣고 들은 내용과 그림이 일치하면 ○표, 일치하지 않으면 ✕표를 하세요. 🎧55

❶  wǒ

❷ wǒ

② 잘 듣고 빈칸에 병음을 쓰고 성조를 표시하세요. 🎧56

❶  h_____

❷  k_____

③ 다음 그림을 보고 빈칸에 들어갈 단어를 찾아 문장을 완성하세요.

wǒ

mèimei	liù
yǒu	qī
jǐ	māma
kǒu	nǎinai
wǒ	dìdi
hé	bàba

Ⓐ Nǐ jiā ⬜ ⬜ ⬜ rén?

Ⓑ Wǒ jiā ⬜ ⬜ ⬜ rén. Wǒ jiā yǒu

yéye、⬜、⬜、⬜、⬜ hé wǒ.

几口人? 몇 식구야?

Jǐ 🥁 jǐ 🥁 jǐ kǒu rén?

Nǐ jiā yǒu jǐ kǒu rén?

Wǒ jiā yǒu sān kǒu rén.

Wǒ jiā yǒu sān kǒu rén.

＊Bàba、māma hé wǒ. 🥁

Wǒ jiā yǒu sān kǒu rén. 🥁🥁

몇 몇 몇 식구야?

네네 집은 몇 식구야?

우리집은 세 식구.

우리집은 세 식구야.

아빠, 엄마, 그리고 나.

우리 집은 세 식구야.

9

＊자기 가족 수대로 가사를 바꾸어 불러 보세요.

4인가족 (⊕ jiějie) Bàba māma jiějie wǒ 🥁

5인가족 (⊕ jiějie, gēge) Bàba māma jiějie gēge wǒ

6인가족 (⊕ jiějie, gēge, dìdi) Bàba māma jiějie, 🥁
gēge dìdi hé wǒ 🥁
(다섯 번째 행을 두 번 부릅니다.)

这是什么？
Zhè shì shénme?

这是我的书包。
Zhè shì wǒ de shūbāo.

那是什么？
Nà shì shénme?

 那是我妹妹的帽子。
Nà shì wǒ mèimei de màozi.

10

단어

这 zhè 이, 이것
那 nà 저, 저것
的 de ~의
书包 shūbāo 책가방
帽子 màozi 모자

这是什么？ 79

1 Zhè shì shénme?

2 Zhè shì zhuōzi hé yǐzi.

3 Zhè shì diànnǎo.

练习 **liànxí** 🎧 60

Zhè shì shénme?

 沙发 shāfā

 电话 diànhuà

 手机 shǒujī

④ Nà shì shénme?

⑤ Nà shì huāpíng.

⑥ Nà shì diànshì.

Nà shì shénme?

床 chuáng

冰箱 bīngxiāng

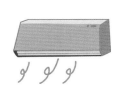

空调 kōngtiáo

uan 우리말의 '우안'처럼 발음합니다.

l**uàn** 乱

어지럽다

un 우리말의 '우언'처럼 발음합니다.

k**ùn** 困

졸리다

uang 우리말의 '우앙'처럼 발음합니다.

h**uáng**sè
黄色

노란색

ueng 우리말의 '우엉'처럼 발음합니다.

w**èng** 瓮

항아리

一起玩儿吧 yìqǐ wánr ba

제자리를 찾아 주세요

Zhè shì shénme?
이건 뭐야?

10

 diànshì　 huāpíng　 màozi　 diànhuà　 shǒujī　 shūbāo

✽ 비어 있는 곳에 알맞은 스티커를 붙이세요.

친구와 "Zhè shì shénme?", "Zhè shì _____." 라고 묻고 대답해 보세요.

zuò yi zuò 연습문제

1 잘 듣고 내용과 일치하는 그림을 골라 연결하세요. 🎧 62

❶ • ❷ • ❸ • ❹ •

2 잘 듣고 병음이 들어 있는 그림에 ○하세요. 🎧 63

❶

❷

3 다음 문장에서 설명하는 것을 찾아 스티커를 붙이세요. 👆

❶ Zhè shì diànshì.

❷ Zhè shì chuáng.

❸ Zhè shì diànhuà.

唱一唱 **chàng yi chàng** 64 노래 불러요!

这是什么? 이건 뭐야?

| zhè | shì | shén | me | zhè | shì | shén | me |
| nà | shì | shén | me | nà | shì | shén | me |

| zhè | shì | màozi | zhè | shì | màozi | mào - zi | mào | zi |
| nà | shì | xiézi | nà | shì | xiézi | xié - zi | xié | zi |

10

이건 뭐야? 이건 뭐야?

이건 모자 이건 모자 모자 모자

저건 뭐야? 저건 뭐야?

저건 신발 저건 신발 신발 신발

1 你好! 안녕!

본문 해석	p.6,7

난난   안녕! 나는 난난이야.

베이베이   안녕! 나는 베이베이야.

난난   잘 가!

베이베이   잘 가!

tīng hé shuō	p.8,9

❶ 선생님 안녕하세요!

❷ 안녕! 난난.

❸ 얘들아 안녕!

❹ 안녕! 나는 밍밍이야.

❺ 베이베이! 얘는 난난이야.

❻ 안녕! 베이베이.

❼ 안녕! 난난.

❽ 잘 가!

❾ 잘 가!

liànxí	p.8

안녕! 나는 난난이야.

연습문제 정답	p.12

① 3, 1, 2

② ① sì ② shí ③ wǔ ④ yī

③ ① Nǐ hǎo!

② Zàijiàn!

노래 가사	p.13

你好 你好 我是南南

你好 你好 南南 再见

你好 你好 我是北北

你好 你好 北北 再见

2 谢谢! 고마워!

본문 해석	p.14,15

난난   고마워!

베이베이   천만에!

난난   미안해!

베이베이   괜찮아!

tīng hé shuō	p.16,17

❶ 고마워요!

❷ 천만에요!

❸ 미안해요!

❹ 괜찮아!

❺ 고맙다!

❻ 천만에요!

❼ 죄송합니다!

❽ 괜찮아요!

❾ 생일 축하해!

❿ 고마워!

⓫ 천만에!

연습문제 정답	p.20

① 2, 1

② ① yéye / yěye ② màma / māma ③ dídi / dìdi

③ ① Duìbuqǐ! ② Bú kèqi!

노래 가사	p.21

祝你生日快乐

祝你生日快乐

祝你幸福 祝你健康

祝你生日快乐

*幸福 xìngfú 행복하다 *健康 jiànkāng 건강하다

3 你叫什么名字? 이름이 뭐야?

본문 해석	p.22,23

베이베이   이름이 뭐야?

난난   난난이라고 해, 넌?

베이베이   난 베이베이라고 해.

난난   안녕! 베이베이.

tīng hé shuō	p.24,25

❶ 이름이 뭐니?

❷ 저는 밍밍이에요.

❸ 안녕! 나는 난난이야.

❹ 나는 베이베이야.

❺ 난 강아지야.

❻ 나는 샤오왕이야, 너는?

❼ 안녕! 나는 동동이야.

연습문제 정답	p.28

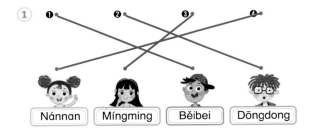

| Nánnan | Míngming | Běibei | Dōngdong |

노래 가사	p.29

你叫什么名字？

你叫什么名字？

我叫南南。我叫南南。

你叫什么名字？

你叫什么名字？

我叫北北。我叫北北。

4 你是韩国人吗? 너는 한국인이니?

본문 해석	p.30,31

베이베이   너 한국인이니?

난난   응, 너는?

베이베이   난 한국인이 아냐, 중국인이야.

난난   쟤도 중국인이야.

tīng hé shuō	p.32

❶ 나는 한국인이야, 너는?

❷ 나는 미국인이야.

❸ 넌 미국인이니?

❹ 나는 미국인이 아니고, 중국인이야.

❺ 우리는 중국인이야.

❻ 나는 한국인이야.

❼ 너도 중국인이니?

❽ 아니, 난 일본인이야.

liànxí p.33	**tīng hé shuō** p.40,41

liànxí   p.33

너는 어느 나라 사람이니?

연습문제 정답   p.36

① 1, 3, 2

② ① ‎ ā o ‎ ② ‎ ǎ ng ‎ ③ ‎ à n ‎

③

❶ Zhōngguórén

❷ Měiguórén

❸ Hánguórén

노래 가사   p.37

哪 哪 哪国人? 你是哪国人?

韩国 韩国 韩国人。我是韩国人。

哪 哪 哪国人? 他是哪国人?

中国 中国 中国人。他是中国人。

5 我喜欢红色。

나는 빨간색을 좋아해.

본문 해석   p.38,39

난난   나는 빨간색을 좋아해, 너는?

베이베이   난 빨간색 싫어.

난난   그러면 파란색 좋아해?

베이베이   응, 난 파란색 좋아해.

tīng hé shuō   p.40,41

❶ 분홍색 좋아해?

❷ 분홍색 싫어해.

❸ 노란색 좋아해?

❹ 난 노란색 싫어해.

❺ 빨간색 좋아해?

❻ 빨간색 싫어해.

❼ 검정색 좋아해?

❽ 응, 난 검정색 좋아해.

liànxí   p.41

너희는 무슨 색을 좋아하니?

연습문제 정답   p.44

① ① × ② ○ ③ ×

② ①

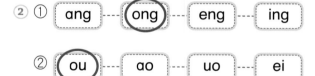

     ang   (ong)   eng   ing

     ② (ou)   ao   uo   ei

노래 가사   p.45

猜猜猜, 猜猜猜,

红色的嘴唇,

白色的牙齿,

黑色的鼻子,

黄色的头发。

这是谁呀? 这是谁呀?

*猜 cāi 추측하다   *嘴唇 zuǐchún 입술

*牙齿 yáchǐ 이, 치아   *鼻子 bízi 코

*头发 tóufa 머리카락   *谁 shéi 누구

6 你几岁? 몇 살이야?

본문 해석   p.46,47

베이베이   너 몇 살이야?

난난   7살이야, 너는?

베이베이   난 8살이야, 쟤는?

난난   6살이야.

tīng hé shuō   p.49

❶ 몇 살이야?

❷ 5살이야.

❸ 몇 살이야?

❹ 난 9살이야.

❺ 몇 살이야?

❻ 4살이야.

연습문제 정답   p.52

① 1, 3, 2

② ① ēi ② ěn ③ ēng

③ ① liù ② bā ③ qī

노래 가사   p.53

一个两个三个印第安

四个五个六个印第安

七个八个九个印第安

十个小小印第安人

*印第安 Yìndì'ān 인디언

7 你属什么? 띠가 뭐야?

본문 해석   p.54,55

난난   넌 띠가 뭐야?

베이베이   난 소띠야.

베이베이   넌 띠가 뭐야?

난난   난 호랑이띠야.

tīng hé shuō   p.57

❶ 띠가 뭐야?

❷ 난 토끼띠야.

❸ 띠가 뭐야?

❹ 개띠야.

❺ 띠가 뭐야?

❻ 돼지띠야.

❼ 띠가 뭐야?

❽ 용띠야.

연습문제 정답   p.60

①

②

③

两只老虎 两只老虎 跑得快

跑得快 一只没有眼睛 一只没有尾巴

真奇怪 真奇怪

*只 zhī 동물을 세는 양사   *老虎 lǎohǔ 호랑이

*跑得 pǎo de 뛰는 정도가   *快 kuài 빠르다

*没有 méiyǒu 없다   *眼睛 yǎnjing 눈

*尾巴 wěiba 꼬리   *真 zhēn 정말

*奇怪 qíguài 이상하다

8 他是谁? 저 분은 누구셔?

베이베이   저 분은 누구셔?

난난   우리 아빠야.

베이베이   저 사람들은 누구야?

난난   저 분은 우리 엄마고, 저기는 우리 언니야.

❶ 저 분은 누구셔?

① 3, 4, 1, 2

② ① iáng ② iàn ③ ióng

③

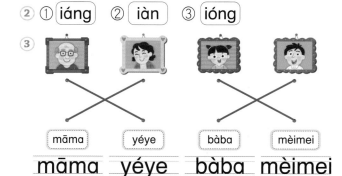

m**mā**ma   **yé**ye   **bà**ba   **mèi**mei

一个家里有三只熊

熊爸爸 熊妈妈 熊宝宝

熊爸爸 胖墩墩

熊妈妈 好苗条

熊宝宝 非常可爱

他们三个好幸福

*里 lǐ(li) 안, 안쪽

*宝宝 bǎobǎo 애기

*胖墩墩 pàngdūndūn 뚱뚱하다

*好苗条 hǎo miáotiao 매우 날씬하다

*非常 fēicháng 매우

*可爱 kě'ài 귀엽다

9 你家有几口人?

집에 식구가 몇이야?

베이베이   너희 집은 식구가 몇이니?

난난   우리 집은 다섯 식구야.

베이베이   넌 오빠가 있니?

난난   아니, 나는 언니가 있어.

❶ 너희 집은 식구가 몇이니?

❷ 우리 집은 세 식구가 있어요.

❸ 우리 집은 여섯 식구 예요. 저는 형이 없어요.

❹ 우리 집은 다섯 식구예요. 저는 할머니가 있어요.

❺ 우리 집도 다섯 식구예요. 아빠, 엄마, 남동생, 여동생 그리고 저예요.

연습문제 정답   p.76

① ① ○ ② ×

② ① uā ② uài

③ yǒu, jǐ, kǒu, yǒu, liù, kǒu, nǎinai, bàba, māma,
mèimei

노래 가사   p.77

几 几 几口人?

你家有几口人?

我家有三口人。

我家有三口人。

爸爸、妈妈和我。

我家有三口人。

10 这是什么? 이건 뭐야?

본문 해석   p.78,79

난난	이건 뭐야?
베이베이	이건 내 책가방이야.
난난	저건 뭐야?
베이베이	저건 내 여동생 모자야.

tīng hé shuō   p.80,81

❶ 이건 뭐야?

❷ 이건 책상과 의자야.

❸ 이건 컴퓨터야.

❹ 저건 뭐야?

❺ 저건 꽃병이야.

❻ 저건 텔레비전이야.

liànxí   p.80,81

이건 뭐야? 저건 뭐야?

연습문제 정답   p.84

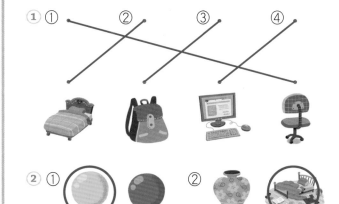

② ①   ②

③ ①   ② ③

노래 가사   p.85

这是什么 这是什么

这是帽子 这是帽子 帽子 帽子

那是什么 那是什么

那是鞋子 那是鞋子 鞋子 鞋子

신니하오 어린이 중국어 ❶의 듣기문제 스크립트입니다.

Unit 1 p.12

1.

❶ A: Nǐmen hǎo!

B: Nǐ hǎo! Míngming.

❷ A: Zàijiàn!

B: Zàijiàn!

❸ A: Lǎoshī hǎo!

B: Nǐ hǎo, Nánnan.

2.

❶ sì

❷ shí

❸ wǔ

❹ yī

Unit 2 p.20

1.

❶ A: Xièxie!

B: Bú kèqi!

❷ A: Duìbuqǐ!

B: Méi guānxi!

2.

❶ yéye

❷ māma

❸ dìdi

Unit 3 p.28

1.

❶ A: Nǐ jiào shénme míngzi?

B: Wǒ jiào Běibei.

❷ A: Nǐ jiào shénme míngzi?

B: Wǒ jiào Dōngdong.

❸ A: Nǐ jiào shénme míngzi?

B: Wǒ jiào Míngming.

❹ A: Nǐ jiào shénme míngzi?

B: Wǒ jiào Nánnan.

2.

❶ hú

❷ è

❸ yī

❹ bàba

Unit 4 p.36

1.

❶ Wǒ shì Hánguórén.

❷ Wǒ shì Rìběnrén.

❸ Wǒ bú shì Měiguórén, wǒ shì Zhōngguórén.

2.

❶ māo

❷ tǎng

❸ dàngāo

Unit **5** p.44

1.

❶ Wǒ xǐhuan huángsè.

❷ Wǒ xǐhuan hóngsè.

❸ Wǒ bù xǐhuan lánsè.

2.

❶ lóng

❷ hóu

Unit **6** p.52

1.

❶ A: Nǐ jǐ suì?

B: Wǒ wǔ suì.

❷ A: Nǐ jǐ suì?

B: Wǒ shí suì.

❸ A: Nǐ jǐ suì?

B: Wǒ jiǔ suì.

2.

❶ bēizi

❷ běnzi

❸ fēng

Unit **7** p.60

1.

❶ Wǒ shǔ zhū.

❷ Wǒ shǔ hǔ.

❸ Wǒ shǔ niú.

2.

❶ piàoliang

❷ niú

Unit **8** p.68

1.

❶ A: Tā shì shéi?

B: Tā shì wǒ yéye.

❷ A: Tā shì shéi?

B: Tā shì wǒ nǎinai.

❸ A: Tā shì shéi?

B: Tā shì wǒ gēge.

❹ A: Tā shì shéi?

B: Tā shì wǒ māma.

2.

❶ qiáng

❷ diànnǎo

❸ dàxióng

Unit 9

p.76

1.

❶ Wǒ jiā yǒu sì kǒu rén. Wǒ jiā yǒu bàba、
   māma、gēge hé wǒ.

❷ Wǒ jiā yǒu wǔ kǒu rén. Wǒ méiyǒu jiějie.

2.

❶ huā

❷ kuài

Unit 10

p.84

1.

❶ Zhè shì wǒ de yǐzi.

❷ Zhè shì wǒ de chuáng.

❸ Zhè shì wǒ de shūbāo.

❹ Zhè shì wǒ de diànnǎo.

2.

❶ huáng

❷ luàn

매 과 새단어와 추가 표현 단어 146개의 단어를 과별로
정리하였습니다. 얼마나 알고 있는지 확인해 보세요.

Unit 1

你	nǐ	너
我	wǒ	나
是	shì	이다
你好	nǐ hǎo	안녕 (만났을 때 인사말)
再见	zàijiàn	잘 가 (헤어질 때 인사말)
老师	lǎoshī	선생님
们	men	~들
他/她	tā	그/그녀
一	yī	숫자 1
十	shí	숫자 10
五	wǔ	숫자 5
四	sì	숫자 4

Unit 2

谢谢	xièxie	고맙습니다
不客气	bú kèqi	천만에요 (감사 인사에 대한 대답)
对不起	duìbuqǐ	미안합니다
没关系	méi guānxi	괜찮습니다 (사과 인사에 대한 대답)
祝	zhù	축하하다
生日	shēngrì	생일
快乐	kuàilè	즐겁다

妈妈	māma	엄마
爷爷	yéye	할아버지
奶奶	nǎinai	할머니
弟弟	dìdi	남동생
幸福	xìngfú	행복하다
健康	jiànkāng	건강하다

Unit 3

叫	jiào	~라고 부르다
什么	shénme	무엇
名字	míngzi	이름
呢	ne	의문을 나타내는 어기조사
爸爸	bàba	아빠
哦	ò	아! (생각났을 때 하는 말)
饿	è	배고프다
湖	hú	호수
雨	yǔ	비

Unit 4

吗	ma	의문을 나타내는 어기조사
是的	shì de	응, 그렇다
不是	bú shì	아니다
韩国人	Hánguórén	한국인
中国人	Zhōngguórén	중국인
也	yě	~도
哪国人	nǎ guó rén	어느 나라 사람
英国人	Yīngguórén	영국 사람

意大利人	Yìdàlìrén	이탈리아 사람
泰国人	Tàiguórén	태국 사람
越南人	Yuènánrén	베트남 사람
加拿大人	Jiānádàrén	캐나다 사람
巴西人	Bāxīrén	브라질 사람
猫	māo	고양이
蛋糕	dàngāo	케이크
躺	tǎng	눕다

Unit 5

喜欢	xǐhuan	좋아하다
红色	hóngsè	빨간색
那	nà	그러면
蓝色	lánsè	파란색
绿色	lǜsè	녹색
白色	báisè	흰색
粉红色	fěnhóngsè	분홍색
天蓝色	tiānlánsè	하늘 색
橘黄色	júhuángsè	주황색
黄色	huángsè	노란색
紫色	zǐsè	보라색
黑色	hēisè	검정색
猴	hóu	원숭이
头发	tóufa	머리카락
龙	lóng	용
孔雀	kǒngquè	공작
猜	cāi	추측하다

嘴唇	zuǐchún	입술
牙齿	yáchǐ	이, 치아
鼻子	bízi	코
头发	tóufa	머리카락
谁	shéi	누구

Unit 6

几	jǐ	몇
岁	suì	살, 세(나이)
二	èr	숫자 2
三	sān	숫자 3
六	liù	숫자 6
七	qī	숫자 7
八	bā	숫자 8
九	jiǔ	숫자 9
杯子	bēizi	컵
飞机	fēijī	비행기
本子	běnzi	노트
门	mén	문
风	fēng	바람
梦	mèng	꿈
印第安	Yìndì'ān	인디언

Unit 7

属	shǔ	~띠이다
牛	niú	소
虎	hǔ	호랑이

鼠	shǔ	쥐
兔	tù	토끼
蛇	shé	뱀
马	mǎ	말
羊	yáng	양
鸡	jī	닭
狗	gǒu	개
猪	zhū	돼지
家	jiā	집
漂亮	piàoliang	예쁘다
姐姐	jiějie	언니, 누나
只	zhī	동물을 세는 양사
老虎	lǎohǔ	호랑이
跑得	pǎo de	뛰는 정도가
快	kuài	빠르다
没有	méiyǒu	없다
眼睛	yǎnjing	눈
尾巴	wěiba	꼬리
真	zhēn	정말
奇怪	qíguài	이상하다

Unit 8

谁	shéi	누구
哥哥	gēge	형
妹妹	mèimei	여동생
电脑	diànnǎo	컴퓨터
金	jīn	금

强	qiáng	강하다
瓶	píng	병
大熊	dàxióng	곰
里	lǐ(li)	안, 안쪽
宝宝	bǎobǎo	애기
胖墩墩	pàngdūndūn	뚱뚱하다
好苗条	hǎo miáotiao	매우 날씬하다
非常	fēicháng	매우
可爱	kěʾài	귀엽다

Unit 9

口	kǒu	명 (가족을 세는 말)
有	yǒu	있다
没有	méiyǒu	없다
和	hé	~와, 그리고
花	huā	꽃
弱	ruò	약하다
快	kuài	빠르다
睡觉	shuìjiào	잠자다

Unit 10

这	zhè	이, 이것
那	nà	저, 저것
的	de	~의
书包	shūbāo	책가방
帽子	màozi	모자
沙发	shāfā	소파

电话	diànhuà	전화
手机	shǒujī	휴대폰
床	chuáng	침대
冰箱	bīngxiāng	냉장고
空调	kōngtiáo	에어컨
乱	luàn	어지럽다
困	kùn	졸리다
瓮	wèng	항아리

Memo

저자 소개

이창재

한양대학교 중문과 졸업
한국외국어대학교 통역번역대학원 한중과 석사(24기)
現) 시사(강남) 중국어학원 新HSK 6급 및 통번역대학원 준비반 전담강사
前) 외시 및 행시 중국어 강사춘추관법정연구회 외무고시 및 행정고시 전담강사
이얼싼중국문화원 초 · 중등 및 고등 HSK 강사LG화학 등 출강

김지연

이화여자대학교 사학과 졸업
한국외국어대학교 통역번역대학원 한중과 졸업
現중국어 통 · 번역사로 활동 중

张琦(장기)

中國吉林大學校한국어학과 졸업
한국외국어대학교 통역번역대학원 한중과 졸업
한국외국어대학교 일반 대학원 중어중문학과 박사과정 수료
現경희대학교 중국어학과 조교수

新 니하오 어린이 중국어 ①

개정 3판1쇄 2023년 5월 15일

저자	이창재 김지연 张琦(장기)
발행인	이기선
발행처	제이플러스
삽화	윤민희
디자인	이지숙
등록번호	제10-1680호
등록일자	1998년 12월 9일
주소	서울시 마포구 월드컵로 31길 62
전화	영업부 02-332-8320 편집부 02-3142-2520
팩스	02-332-8321
홈페이지	www.jplus114.com
ISBN	979-11-5601-221-4 〈본교재〉
	979-11-5601-183-5 〈플래시CD포함 교재〉

©JPLUS 2016, 2021, 2023

1과 p.11

Běibei　　Nánnan　　Dōngdong　　Míngming

1과 p.12

shí　　sì　　wǔ　　yī

2과 p.20

Bú kèqi!　　Duìbuqǐ!

4과 p.36

āo　　àn　　ǎng

8과 p.68

ài　　iàn　　ióng　　iáng

8과 p.67

很好

10과 p.83

很好

很好

10과 p.84

❀ p. 27 이름표 만들기

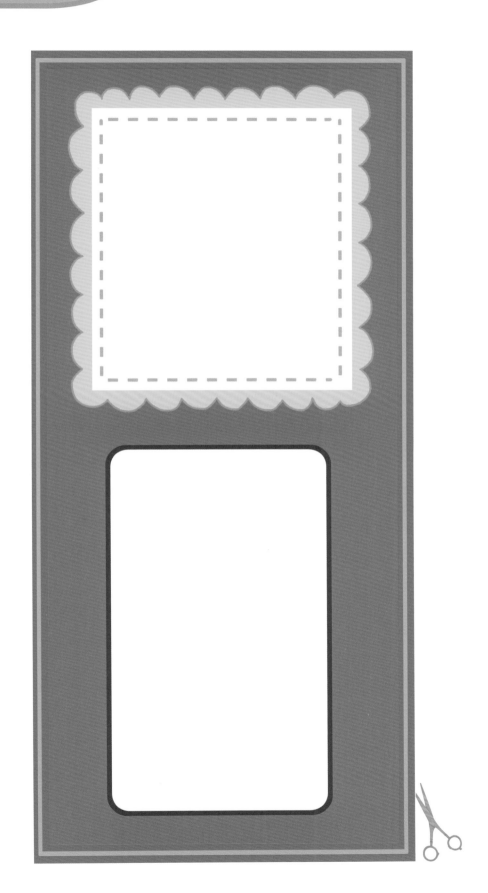

❀ p. 35 옷을 입혀 주세요.

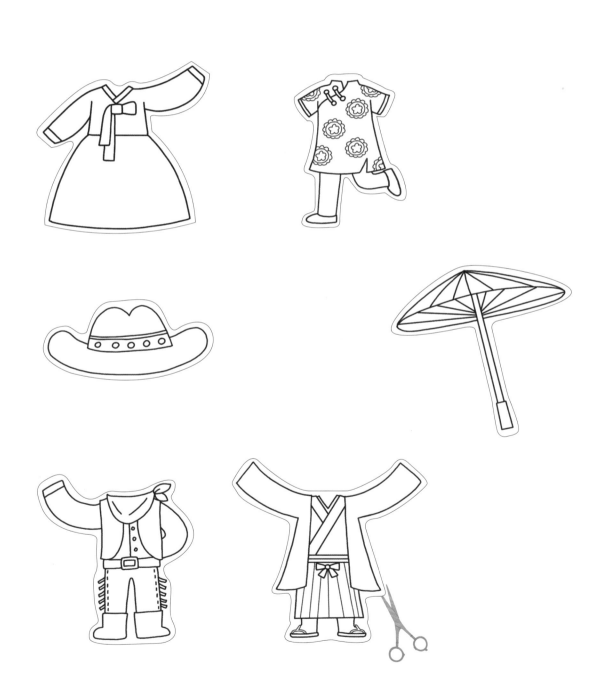

nǐ

wǒ

~이다

shì

nǐ hǎo

zàijiàn

xièxie

bú kèqi

duìbuqǐ

méi guānxi

jiào

shénme

míngzi

의문을
나타내는
어기조사
ne

의문을
나타내는
어기조사
ma

shì de

bú shì

叫 ❸-1	没关系 ❷-4
名字 ❸-3	什么 ❸-2
吗 ❹-1	呢 ❸-4
不是 ❹-3	是的 ❹-2

Hánguórén

Zhōngguórén

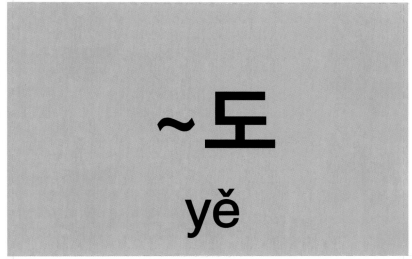

~도
yě

Yīngguórén

Yìdàlìrén

Tàiguórén

Yuènánrén

Jiānádàrén

中国人	韩国人
英国人	也
泰国人	意大利人
加拿大人	越南人

Bāxīrén

xǐhuan

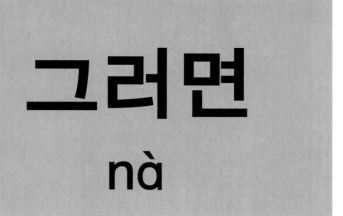

그러면
nà

báisè

tiānlánsè

fěnhóngsè

lǜsè

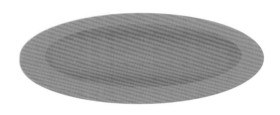

júhuángsè

喜欢 **⑤-1**	巴西人 **④-12**
白色 **⑤-3**	那 **⑤-2**
粉红色 **⑤-5**	天蓝色 **⑤-4**
橘黄色 **⑤-7**	绿色 **⑤-6**

huángsè

lánsè

zǐsè

hóngsè

hēisè

jǐ

suì

shǔ

蓝色

黄色

红色

紫色

几

黑色

属

岁

niú

hǔ

yéye

năinai

bàba

māma

jiějie

gēge

7-3	**7**-2
虎	牛

8-2	**8**-1
奶奶	爷爷

8-4	**8**-3
妈妈	爸爸

8-6	**8**-5
哥哥	姐姐

dìdi

mèimei

kǒu

있다

yǒu

없다

méiyou

zhè

nà

~의

de

妹妹 **8**–8

弟弟 **8**–7

有 **9**–2

口 **9**–1

这 **10**–1

没有 **9**–3

的 **10**–3

那 **10**–2

shūbāo

màozi

shāfā

diànhuà

shǒujī

chuáng

bīngxiāng

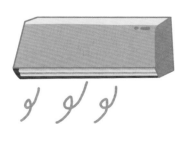

kōngtiáo

帽子

书包

电话

沙发

床

手机

空调

冰箱